Кафуи Коффи АКОЛЛЫ

От здоровья к коду: эпопея новатора в области электронного здравоохранения

Кафуи Коффи АКОЛЛЫ

От здоровья к коду: эпопея новатора в области электронного здравоохранения

ScienciaScripts

Imprint

Any brand names and product names mentioned in this book are subject to trademark, brand or patent protection and are trademarks or registered trademarks of their respective holders. The use of brand names, product names, common names, trade names, product descriptions etc. even without a particular marking in this work is in no way to be construed to mean that such names may be regarded as unrestricted in respect of trademark and brand protection legislation and could thus be used by anyone.

Cover image: www.ingimage.com

This book is a translation from the original published under ISBN 978-620-6-70540-6.

Publisher:
Sciencia Scripts
is a trademark of
Dodo Books Indian Ocean Ltd. and OmniScriptum S.R.L publishing group

120 High Road, East Finchley, London, N2 9ED, United Kingdom
Str. Armeneasca 28/1, office 1, Chisinau MD-2012, Republic of Moldova, Europe
Printed at: see last page
ISBN: 978-620-7-23893-4

Copyright © Кафуи Коффи АКОЛЛЫ
Copyright © 2024 Dodo Books Indian Ocean Ltd. and OmniScriptum S.R.L publishing group

От здоровья к коду: эпопея Инноватор в Электронное здравоохранение

Кафуи К. АКОЛЛИ
Писатель

От того же автора:

Одиссея души, выкованной судьбой, автобиография, 2024 год

Оглавление

ПРЕДИСЛОВИЕ 5
ВВЕДЕНИЕ 7
ЧАСТЬ 1: ПРОБУЖДЕНИЕ СТРАСТИ 8
    Глава 1. Первые отголоски увлечения печатью в подростковом возрасте 8
    Глава 2. Переход на ИТ как альтернатива печати 9
    Глава 3: Проблемы и возможности сочетания здравоохранения и ИТ 10
ЧАСТЬ 2: ПОВОРОТНЫЙ ПУНКТ ЭСАНТЕ 13
    Глава 1: Слияние двух миров: здравоохранения и цифровых технологий 13
    Глава 2: Идеи и планирование : 16
    Глава 3: Технические характеристики 18
    Глава 4: Выбор команды разработчиков 21
    Глава 5: Мой личный опыт выбора разработчиков 24
ЧАСТЬ 3: ИНСТИТУЦИОНАЛЬНАЯ ОСНОВА ЦИФРОВОГО ПРОЕКТА 28
    Глава 1. Правовая основа цифрового проекта 28
    Глава 2: Мой опыт институционального чернения 30
ЧАСТЬ 4: РАЗВЕРТЫВАНИЕ 32
    Глава 1: Выбор технических характеристик приложения 32
    Глава 2: Тестирование приложения 35
    Глава 3: Официальный запуск 36
    Глава 4: Непрерывное обновление 38
    Глава 5: Презентация моего цифрового проекта eCentre Convivial 39
ЧАСТЬ 5: ПЕРСПЕКТИВЫ 42
    Глава 1. Перспективы цифрового приложения 42
    Глава 2. Перспективы развития платформы eCentre Convivial 42
ЧАСТЬ 6: МОБИЛИЗАЦИЯ РЕСУРСОВ 45
    Глава 1: Важность мобилизации ресурсов 45
    Глава 2: Финансовые ресурсы 46
    Глава 3: Стратегии мобилизации финансовых ресурсов 47
    Глава 4: Мой успех в мобилизации ресурсов 49
    Глава 5: Финансирование за счет собственного капитала 50

Глава 6: Субсидии от учреждений системы Организации Объединенных Наций 50

Глава 7: Грант NFM2 и 3 (Глобальный фонд) 51

Глава 8: Конкуренция/вызовы 52

ЧАСТЬ 7: АНАЛИЗ МОЕЙ РАБОТЫ В ОБЛАСТИ ЗДРАВООХРАНЕНИЯ В АФРИКЕ 57

Глава 1. Углубленный анализ контекста электронного здравоохранения в Африке 57

Глава 2. Особенности разработки моего проекта 59

Глава 3: Препятствия, возникшие при разработке моего проекта 61

Глава 4: Представление результатов вашей работы или исследований: шаг к известности и налаживанию связей 63

Глава 5: Учимся на опыте успеха 72

Глава 6: Моя роль в дальнейшем развитии этого сектора 73

ЗАКЛЮЧЕНИЕ 75

Глава 1: Обзор моей карьеры 75

Глава 2: Размышления 75

Глава 3: Заключительные напутствия и ободрение 78

Глава 4: Эпилог 79

Глава 5: Заключительные мысли о личном и профессиональном развитии 80

POSTFACE 82

БИБЛИОГРАФИЯ 83

От здоровья к коду: эпопея новатора в области электронного здравоохранения

ПРЕДИСЛОВИЕ

На страницах этой увлекательной книги читателю предлагается погрузиться в динамичный мир цифровых инноваций под руководством увлеченного автора, которым являюсь я, Кафуи Кафуи Аколли. Эта работа - нечто большее, чем простое повествование об успехах и проблемах, она является ярким свидетельством личной и профессиональной эволюции, которая происходит благодаря смелому освоению цифрового мира.

С самой первой главы я предлагаю вам пройти путь от зарождения инновационной идеи до практической реализации революционного приложения в области сексуального и репродуктивного здоровья. Эта история, богатая извлеченными уроками, раскрывает закулисье предпринимательской авантюры, где упорство, адаптивность и сотрудничество оказываются столпами успеха.

Я хотел бы поделиться с вами уроками, которые я усвоил на этом пути: от мобилизации ресурсов и работы с разработчиками до безопасности цифровых проектов и важности соблюдения строгого этического кодекса. Каждый вызов, который я преодолеваю, становится дополнительным камнем в строительстве глубоких знаний и тонкого понимания этой области.

Эта книга - не просто техническое исследование; она также подчеркивает важнейшую роль инноваций в социальных, образовательных и экономических преобразованиях, особенно на африканском континенте. Я разделяю его заключительные мысли, предлагая читателям следовать своему видению, инвестировать в свои знания, праздновать свои успехи и защищать свои цифровые активы.

Если вы профессионал в области цифровых технологий, начинающий предприниматель или просто увлечены инновациями, эта книга предложит вам ценный взгляд за кулисы цифрового творчества и ключи к преодолению проблем, присущих этой постоянно развивающейся сфере.

Кафуи Кафуи АКОЛЛИ
Писатель

ВВЕДЕНИЕ

Дорогие читатели, я рад поделиться с вами своим путешествием в мир цифровых инноваций. От первоначальной идеи до создания приложения для здравоохранения этот путь был наполнен трудностями, открытиями и успехами. За эти годы я понял, насколько важны сотрудничество, настойчивость и безопасность при разработке цифровых проектов. В этом рассказе я хочу поделиться уроками из своего опыта и дать напутствие всем, кто стремится создавать, внедрять инновации и оказывать положительное влияние на цифровой мир. Присоединяйтесь ко мне, чтобы поразмышлять о предпринимательстве, плодотворном сотрудничестве и ключах к успеху в области цифровых инноваций.

ЧАСТЬ 1: ПРОБУЖДЕНИЕ СТРАСТИ

Глава 1: Первые отголоски страсти к печати в подростковом возрасте

В классе по адресу 4ème мое присутствие было продиктовано не только желанием усвоить преподаваемые уроки, но и ролью, которую я взял на себя в качестве поставщика услуг в студенческом сообществе. В своей школьной сумке я носил множество документов по разным дисциплинам, тщательно переплетенных, готовых к передаче моим сверстникам. Этой привычкой я был во многом обязан своему отцу, печатнику по профессии, который дал мне возможность использовать свои навыки для помощи своим товарищам по учебе.

Благодаря этой семейной связи с миром печати мои сокурсники могли за определенную плату доверить мне свои книги и брошюры, нуждающиеся в тщательном переплете. Но мои услуги не ограничивались простым переплетом. В этот критический период юности я также предлагал черно-белое воспроизведение календарей формата A5, напечатанных на бристольском картоне. Эта инициатива оказалась особенно полезной для многих моих юных подруг, облегчая незаметное и практичное управление их менструальными циклами. Моя школьная сумка была не только носителем академических знаний, но и средством оказания практических услуг и неожиданной поддержки сообщества.

Моя тяга к полиграфии имела глубокие корни, на нее повлияли таланты и успехи моего отца в этой области. Однако, когда мы обсуждали мои планы на будущее, он отговаривал меня от этого увлечения, ссылаясь на нерентабельность отрасли. Этот совет был продиктован его собственным опытом, отмеченным банкротством его первой крупной типографии. Хотя я не был полностью убежден, я чувствовал сыновний долг последовать его совету и отказаться от этого пути, опасаясь повторения тех трудностей, с которыми столкнулся он.

Банкротство его бизнеса, произошедшее за это время, несомненно, повлияло на его взгляд на финансовую жизнеспособность печатного дела. Этот личный опыт заставил его отговаривать меня, несомненно, из-за страха, что меня может постигнуть та же участь. Как его сын, несмотря на общую страсть, я в конце концов уступил его рекомендациям, отбросив свои стремления пойти по более традиционному пути, несмотря на мои постоянные сомнения.

Поэтому моя мечта о карьере печатника отошла на второй план, уступив место заботам отца и сложным экономическим реалиям, через которые он прошел.

Глава 2. Переход к ИТ как альтернатива печати

Мое увлечение компьютерами началось в 2000 году, когда я сам начал пользоваться Интернетом, особенно в киберкафе. В то время эти заведения были повсеместно распространены почти в каждом районе, предлагая увлекательное окно в цифровой мир. Воспоминания о первых днях моей жизни до сих пор связаны с теми временами, когда, находясь в школе с мамой, я сознательно жертвовал деньги, предназначенные для пропитания, чтобы подписаться на услуги киберкафе. Бывало даже, что я вынужден был просить помощи у мамы, когда мои средства заканчивались, поскольку все силы были вложены в этот поиск знаний через Интернет. Эти первые опыты в киберкафе не только сформировали мои навыки работы с компьютером, но и неизбежно привели к финансовым компромиссам, символизируя решимость молодого энтузиаста, готового вложить свой скромный бюджет в поиск цифровых знаний.

В моем бесконечном стремлении узнать больше о мире Интернета каждая свободная минута была посвящена изучению и просмотру различных сайтов и обмену электронными письмами с корреспондентами. Чем больше времени проходило, тем больше увлекательных возможностей и инициатив я обнаруживал. Этот ежедневный процесс открытий постоянно обогащал мои знания и навыки в этой области. Каждый день становился новой страницей в моей учебной книге, закрепляя мой растущий опыт в этой динамичной среде.

Именно в этот момент я перешел от полиграфии к ИТ. Я не только сохранил навыки переплета документов, но и активно осваивал обработку текстов и графический дизайн, создавая такие предметы, как поздравительные открытки, визитные карточки и счета-фактуры. Так в возрасте 18 лет, в классе 1ère G2, я открыл свой первый бизнес. По ходу дела я применял знания, полученные в области бухгалтерского учета, общей экономики и организационной экономики, к этому зарождающемуся бизнесу, прекрасно понимая его хрупкость.

Глава 3: Проблемы и возможности сочетания здравоохранения и ИТ

После того как в 2004 году я начала заниматься волонтерской деятельностью, базовые навыки работы с информационными технологиями, которые я приобрела за эти годы, оказались бесценными. Благодаря специальному обучению, посвященному сексуальному здоровью и репродукции - теме, выбранной для работы нашей ассоциации, - я приобрела способность самостоятельно вводить тексты и оформлять профессиональные документы. Моя деятельность в области сексуального и репродуктивного здоровья была направлена на облегчение доступа к информации и медицинским услугам для подростков и молодежи. Ориентация на эту специфическую группу населения, отличающуюся динамизмом и потребностью в инновациях, стимулировала поиск инновационных решений и объединение служб для эффективного удовлетворения их специфических потребностей.

С развитием социальных сетей я, естественно, обратил свое внимание на эту тенденцию, стремясь перенести на нее инициативы, которые я уже реализовывал в этой области. Этот переход привел к тому, что я взяла на себя ответственность за оживление этих сетей, регулярно публикуя статьи, продвигаемые в основном на таких платформах, как Facebook и Google Ads. Постоянное финансирование этой инициативы моими партнерами, в том числе Фондом ООН в области народонаселения (ЮНФПА), дало значительные результаты. Этот опыт показал, как быстро социальные сети могут достигать поставленной цели, внося значительный вклад в достижение поставленных задач.

Особенно плодотворным оказалось объединение моих действий на местах с моим цифровым присутствием. Инвестируя в целевые кампании, особенно в Facebook и Google Ads, я смог значительно расширить охват своих инициатив. Эта синергия между физическим и виртуальным миром продемонстрировала силу социальных сетей как вектора влияния и мобилизации, а также как эффективной платформы для общения, повышения осведомленности и достижения желаемых результатов.

В основе моего подхода лежало серьезное препятствие: управление данными и их анализ. Хотя активное присутствие в социальных сетях позволило нам охватить широкую аудиторию, основным препятствием было отсутствие доступа к большинству целевых данных из-за несобственнического характера этих платформ. Это ограничение существенно повлияло на устойчивость моего подхода, усложнив управление данными и ограничив мою способность принимать обоснованные решения. В результате возникла острая необходимость в частной цифровой инициативе, которая могла бы преодолеть присущие социальным сетям ограничения, обеспечив больший контроль над данными, повысив устойчивость и создав прочную основу для принятия решений в будущем.

Эта проблема заставила меня выйти за рамки социальных сетей. Несмотря на их значительный охват, зависимость от этих внешних платформ становилась препятствием для нашей автономии. Так возникла идея создания частной цифровой инициативы, которая должна была выйти за рамки ограничений, налагаемых социальными сетями. Цель этой инициативы заключалась в том, чтобы предложить гораздо более персонализированные услуги, обеспечить более эффективное управление данными, гарантировать устойчивость действий и создать прочную основу для будущих стратегических решений. Отсюда - цифровое приложение для электронного здравоохранения.

ЧАСТЬ 2: ПОВОРОТНЫЙ ПУНКТ ЭСАНТЕ

Глава 1: Слияние двух миров: здравоохранение и цифровые технологии

Теперь, когда вы имеете представление о моих начинаниях в цифровом мире, в частности в области электронного здравоохранения, я собираюсь поделиться своими историями о своем пути в качестве популяризатора электронного здравоохранения и анализе ситуации. Моя цель - наметить просвещенный путь для тех, кто уже работает в этой сфере или стремится в нее попасть. Мое погружение в цифровой мир стало результатом естественной эволюции: от моего раннего интереса к компьютерной технике до участия в инициативах по охране сексуального и репродуктивного здоровья. Благодаря этому опыту я приобрела множество навыков, ориентируясь между информационными технологиями, социальными сетями и, наконец, электронным здравоохранением. Эти переходы дали мне уникальную возможность взглянуть на то, как можно интегрировать технологии для позитивного влияния на здоровье и благополучие.

В ходе своей карьеры я сталкивался с серьезными проблемами, в частности с управлением данными в области цифрового здравоохранения. Эти проблемы послужили катализатором для создания частных инициатив, ориентированных на цифровые технологии, чтобы преодолеть ограничения социальных сетей. В своем рассказе я подробно описываю эти шаги, а также даю советы и рекомендации тем, кто хочет ориентироваться в сложном, но многообещающем мире электронного здравоохранения. Как видите, у меня был довольно необычный путь. С одной стороны, у меня нет медицинского образования, поэтому моя подготовка ограничивалась в основном профилактической медициной, при этом я активно участвовал вместе с медицинскими работниками в нашей деятельности на местах, уделяя особое внимание передовым стратегиям. Во-вторых, я не изучал программную инженерию, поэтому не могу претендовать на привилегию самостоятельно разрабатывать цифровые приложения.

Участие в мероприятиях по профилактической медицине стало для меня богатым опытом, позволившим понять проблемы и задачи в сфере здравоохранения, особенно в области сексуального и репродуктивного здоровья. В то же время, хотя я не изучала программную инженерию, мой путь в цифровой сфере позволил мне сотрудничать с экспертами в области разработки приложений, что укрепило мое понимание технических аспектов без глубоких знаний в области программирования. Я рассказываю об этом, чтобы подчеркнуть исключительную важность понимания той области, в которой вы работаете, особенно когда речь идет о разработке цифровых приложений, особенно когда это связано с такой сложной и деликатной темой, как здравоохранение.

При разработке цифровых приложений для здравоохранения необходимо глубокое понимание медицинских потребностей, протоколов оказания помощи и операционных задач. Поэтому мое свидетельство подчеркивает важность сотрудничества с экспертами в каждой соответствующей области. Объединив свои знания в области здравоохранения с техническими навыками, я смог внести свой вклад в разработку цифрового приложения, которое эффективно отвечает потребностям сектора здравоохранения. Это подтверждает мысль о том, что успех в цифровой сфере, особенно в таких чувствительных отраслях, как здравоохранение, зависит от тесного сотрудничества между специалистами разного и взаимодополняющего профиля.

Для успешной реализации цифровых инноваций необходимы два основных компонента: глубокое знание кода и глубокое понимание конкретной темы, будь то здравоохранение, образование, финансы, жилье, транспорт, культура, общество и многие другие. Владение кодом необходимо, поскольку оно позволяет воплощать идеи в цифровую реальность. Понимание языков программирования, архитектуры программного обеспечения и принципов разработки веб-приложений является основополагающим фактором для воплощения инновационных концепций в реальность. Это техническая основа, которая воплощает цифровые решения в жизнь и позволяет адаптировать их к конкретным потребностям выбранной области.

Сочетая эти два компонента, цифровой инноватор может создавать решения, которые не только технически надежны, но и точно отвечают реальным потребностям общества, в котором они внедряются. Именно эта синергия между техническим мастерством и пониманием контекста определяет успех цифровых инновационных проектов. Техническая экспертиза позволяет цифровым инноваторам воплощать идеи в реальность, создавая приложения, веб-сайты и другие цифровые решения, тем самым закладывая прочный фундамент для воплощения инновационных концепций в жизнь.

На своем пути я встречал врачей и специалистов в области здравоохранения, участвующих в проектах электронного здравоохранения, но не имеющих достаточных знаний в области кодирования. В то же время я встречал разработчиков с большими амбициями в сфере здравоохранения, но им не удавалось привлечь партнеров или пользователей к работе из-за недостатка знаний о здравоохранении и, в более широком смысле, о различных законах, регулирующих эту сферу. Этот опыт подчеркивает исключительную важность тесного сотрудничества между специалистами в области здравоохранения и экспертами по разработке. Врачи, обладающие клиническим опытом, обеспечивают глубокое понимание потребностей пациентов, медицинских протоколов и проблем, характерных для сектора здравоохранения. Разработчики, в свою очередь, воплощают эти знания в конкретные цифровые решения, используя свой опыт кодирования.

В этой книге, которая также выступает в качестве руководства, я подробно рассказываю о своем личном пути и показываю, как мне удалось добиться успеха, даже не имея опыта двух вышеупомянутых актеров. То, что я описал бы как переход от любителя к профессионалу. Я рассказываю о проблемах, с которыми столкнулся, погрузившись в мир электронного здравоохранения, отмечая первые пробелы в своих знаниях, включая отсутствие формальных медицинских навыков и углубленного обучения кодированию. Несмотря на эти препятствия, я рассказываю о том, как моя страсть, целеустремленность и постоянное стремление к обучению определили мое превращение в опытного профессионала в этой области.

Эта правдивая история призвана вдохновить других начинающих цифровых новаторов, демонстрируя, что при правильном подходе, настойчивости и постоянном обучении даже люди без традиционного образования могут добиться успеха в таких требовательных отраслях, как электронное здравоохранение.

Глава 2: Идея и планирование :

В 2017 году, анализируя свои инициативы в социальных сетях, я начал неофициально обращаться к государственным партнерам и донорам, чтобы представить свою идею создания приложения для электронного здравоохранения. Цель состояла в том, чтобы вывести нашу страну на карту инноваций в этой области. Я начал переговоры с потенциальными игроками, которые разделяли мое видение и важность сочетания технологических достижений с потребностями сектора здравоохранения. Я стремился помочь улучшить медицинское обслуживание, используя возможности цифровых технологий. Эти первые шаги положили начало увлекательному путешествию в мир электронного здравоохранения.

Цель этого подхода заключалась в том, чтобы перенести предложения различных существующих политик и программ в цифровую форму, не пытаясь изобрести что-то совершенно новое. Поэтому я начал обсуждение с такими организациями, как UNFPA, SP/CNLS и UNAIDS. Эти обсуждения приняли форму личных интервью и передачи проектного листа. Цель заключалась в том, чтобы представить, как приложение электронного здравоохранения может быть увязано с существующими задачами в области сексуального и репродуктивного здоровья. Цель заключалась в том, чтобы использовать существующие усилия и добавить цифровое измерение для повышения эффективности мероприятий в области здравоохранения.

Наряду с этой инициативой я провел беседы с разными людьми - от знакомых до друзей, коллег и, прежде всего, бенефициаров наших действий. Цель состояла в том, чтобы узнать их мнения и предложения. Такой партисипативный подход позволил учесть различные точки зрения тех, на кого приложение для электронного здравоохранения окажет непосредственное влияние. Полученные отзывы и идеи обогатили видение проекта, позволив глубже понять реальные потребности и ожидания сообщества. Это стало важнейшим шагом к тому, чтобы приложение было действительно актуальным и полезным для тех, кому оно предназначено.

Такой подход имеет решающее значение, особенно если проект должен заручиться поддержкой политических игроков, партнеров и пользователей. Он дает возможность предвидеть возможное сопротивление и определить, как консолидировать проект, создав прочный блок партнеров. Изучение мнений и предложений различных заинтересованных сторон позволяет выявить и заблаговременно решить потенциальные проблемы. Это помогает достичь консенсуса и создать сеть поддержки на самых ранних стадиях проекта. Понимая различные точки зрения и учитывая потребности всех сторон, можно добиться того, что проект получит поддержку и установит плодотворные партнерские отношения.

Действительно, многие новаторы пренебрегают этим важнейшим этапом своего подхода. В глазах партнеров и особенно лиц, принимающих решения, особенно на национальном уровне, подход, воспринимаемый как навязывание свершившихся фактов, может привести к нежеланию оказывать поддержку. Предварительный диалог и консультации с заинтересованными сторонами очень важны для создания основы для понимания и сотрудничества. Игнорирование этого этапа может создать впечатление, что проект разрабатывается изолированно, без учета мнений и опасений ключевых заинтересованных сторон. Включив эти мнения с самого начала, новаторы смогут лучше позиционировать свою инициативу, чтобы получить сильную и долгосрочную поддержку.

В моем случае, после неофициального обращения к различным партнерам, мне пришлось составить проектный документ, в котором я объяснил, что это за цифровой проект и чем он будет полезен подросткам и молодежи. До сих пор речь не шла о спецификациях приложения. Приятно отметить, что такой подход был принят и получил поддержку различных партнеров. Это не только укрепило доверие к проекту, но и обеспечило необходимую уверенность на каждом этапе разработки приложения.

Одобрение и поддержка партнеров подтверждают правильность видения и укрепляют легитимность проекта. Этот фундамент доверия, созданный благодаря открытому и прозрачному сотрудничеству, создает благоприятную среду для дальнейшего успешного развития приложения.

Глава 3: Технические характеристики

Спецификация - это документ, в котором подробно описываются спецификации, функциональные возможности, технические требования и ограничения проекта. Она служит общим ориентиром для заинтересованных сторон (заказчиков, разработчиков и т. д.), обеспечивая четкое понимание ожиданий и гарантируя согласованность на протяжении всего процесса разработки. К сожалению, многие новаторы и разработчики берутся за разработку приложения без подробного технического задания. Это может пагубно сказаться на качестве процесса.

Хорошо проработанная спецификация играет решающую роль в обеспечении четкого видения и структурированной основы проекта. Она определяет ожидания, спецификации и ограничения, обеспечивая прочный фундамент для всего процесса разработки. Отсутствие этого документа может привести к недопониманию, различным интерпретациям и неэффективному общению между заинтересованными сторонами. В конечном итоге эти недостатки могут привести к задержкам, дополнительным расходам и, в некоторых случаях, к снижению конечного качества продукта. Поэтому новаторам и разработчикам настоятельно рекомендуется осознать важность хорошо проработанной спецификации для обеспечения успеха и качества их прикладных проектов.

Совершенно справедливо подчеркивать важность документа спецификации перед началом реализации любого цифрового проекта. Первоначальная ответственность за составление этого документа, как правило, лежит на инноваторе. Если инноватору не хватает этого навыка, задачу можно возложить на разработчика, если тот обладает глубокими знаниями о предмете проекта. Если в этой области имеются пробелы, рекомендуется пригласить эксперта или организовать семинары с участием как тех, кто занимается конкретной темой проекта, так и разработчиков. Такое сотрудничество обеспечивает четкое понимание ожиданий и требований, способствуя созданию надежной спецификации, соответствующей реальным потребностям проекта и гарантирующей успешную реализацию.

В моей конкретной ситуации я изначально перепутал проектный документ со спецификациями. Именно во время обсуждения с разработчиками, которые поднимали вопросы, отсутствующие в проектном документе, я осознал важность написания отдельной спецификации. К счастью, эта задача оказалась не такой сложной, как ожидалось, тем более что у меня есть природная склонность к сочинительству и глубокое понимание темы, которую я хотел изучить в этом приложении.

Спецификация для разработки цифрового приложения должна включать:

- ***Введение и цели***: Представляет контекст проекта, причины его создания и конкретные цели, которые должны быть достигнуты.

- ***Общее описание проекта:*** дает представление о продукте, определяет его целевую аудиторию и объясняет, как он будет удовлетворять потребности пользователей.

- ***Функциональные требования:*** перечисляет конкретные функциональные возможности, которые должно предлагать приложение, например, графический дизайн, регистрация пользователей, управление данными и т.д.

- ***Нефункциональные требования:*** это ограничения, связанные с производительностью, безопасностью, совместимостью с другими системами и другими аспектами, не связанными напрямую с функциональностью.

- ***Пользовательский интерфейс (UI/UX):*** Подробно описывает визуальный дизайн приложения, взаимодействие с пользователем и может включать макеты для иллюстрации концепции.

- ***Технические требования:*** указываются языки программирования, фреймворки, базы данных и другие технологические элементы, которые будут использоваться при разработке.

- ***Управление данными:*** объясняет, как будут храниться, обрабатываться и извлекаться данные, в частности, описывает структуру баз данных.

- ***Безопасность:*** определяет меры безопасности, необходимые для защиты приложения от потенциальных уязвимостей и обеспечения конфиденциальности данных.

- ***Тестирование и валидация:*** подробно описаны методы тестирования для каждой функции, критерии приемки и планы по проверке конечного продукта.

- ***Поставки и графики:*** разделите проект на фазы, установите этапы для каждой фазы и определите планируемые сроки поставки.

- *Бюджет и ресурсы:* оцените затраты, связанные с разработкой, выделите необходимые ресурсы (человеческие, материальные и т. д.) и определите любые бюджетные ограничения.

- *Договорные условия:* включают в себя условия договора, обязанности сторон и любые положения о расторжении.

Глава 4: Выбор команды разработчиков

Решающий этап разработки цифрового решения неизбежно включает в себя определение разработчика или команды разработчиков, в зависимости от конкретных потребностей проекта. Такое сотрудничество необходимо для того, чтобы воплотить задумку новатора в функциональную интерактивную реальность. Выбор разработчика особенно важен, поскольку он должен не только владеть техническими аспектами кодирования, но и понимать основную тему проекта. Действительно, успех цифрового приложения зависит от симбиоза между видением создателя и мастерством разработчика - альянса, который определяет путь развития и гарантирует качество конечного результата.

Сотрудничество между новатором и разработчиком часто распространяется на группу заинтересованных специалистов, каждый из которых вносит свой вклад в конкретный аспект проекта. В идеале в группу входит специалист в данной области, что обеспечивает глубокое понимание потребностей данной сферы. Веб-дизайнер занимается созданием визуально привлекательного интерфейса, а фронтенд-разработчик отвечает за то, чтобы сделать приложение доступным и интерактивным для пользователя. Разработчик back-end управляет данными и логикой приложения на стороне сервера. Следует отметить, что в некоторых ситуациях один разработчик может сочетать навыки проектирования, back-end и front-end, в зависимости от масштаба и специфических требований проекта. Такая разноплановая команда обеспечивает целостный подход к цифровой разработке.

Процесс определения команды разработчиков имеет решающее значение на пути инноватора. После тщательного отбора промоутер должен тесно сотрудничать с командой, чтобы обеспечить общее и глубокое понимание проекта. Этот этап способствует прояснению ожиданий, согласованию целей и обеспечению общего видения. Постоянное общение между новатором и командой разработчиков помогает предотвратить возможные недоразумения и поддерживать последовательное направление на протяжении всего процесса.

После того как команда разработчиков определена и выбрана, наступает следующий этап - подписание договорных документов, которые будут регулировать разработку приложения. Этот этап крайне важен для четкого определения условий, обязанностей и ожиданий каждой из сторон. Процесс заключения договора должен быть строгим, с акцентом на четкие цели, сроки и критерии качества, которые должны быть достигнуты. Эти договорные документы создают прочную основу, устанавливая взаимопонимание между инноватором и командой разработчиков и закладывая фундамент для плодотворного сотрудничества. Строгость на этом этапе помогает минимизировать риски, обеспечить взаимопонимание и заложить основу для успешной разработки приложения.

При разработке цифрового приложения необходимо прояснить юридические аспекты интеллектуальной собственности, особенно в отношении исходного кода. В ходе своей работы я сталкивался с ситуациями, когда некоторые разработчики не знали об условиях передачи прав. Именно поэтому с самого начала процесса заключения договора я позаботился о том, чтобы включить в него специальные пункты о праве собственности на исходный код. Цель этих пунктов - гарантировать, что права на коды вернутся к спонсору проекта, в данном случае ко мне как к новатору, после завершения оплаченной работы. Такой подход позволил избежать любых недоразумений и закрепить мои права на конечный продукт, способствуя более прозрачному и гармоничному сотрудничеству с командой разработчиков.

Заключение договоров при разработке цифровых приложений требует точной документации, чтобы избежать недоразумений и обеспечить защиту интересов всех участвующих сторон. Ниже приведен список основных договорных документов при работе с разработчиком:

1. *Договор о передаче прав*: в этом документе четко прописаны условия использования интеллектуальной собственности, указано, что разработанные исходные коды принадлежат спонсору проекта после выплаты вознаграждения разработчику.

2. *Спецификации*: Это подробный документ, описывающий спецификации, функциональные возможности и требования проекта. Он служит общей ссылкой для обеспечения согласованности на протяжении всей разработки.

3. *Договор на оказание услуг*: в этом договоре оговариваются обязательства, сроки и условия оплаты между сторонами. Он устанавливает обязанности каждой стороны и обеспечивает четкое понимание ожиданий.

4. *Соглашение о конфиденциальности (NDA)*: NDA часто необходимо для защиты конфиденциальной информации, которой обмениваются в процессе разработки. Оно обеспечивает конфиденциальность деталей проекта.

5. *План работ или хронограмма*: подробный график выполнения работ, этапы и сроки позволяют контролировать ход проекта и следить за соблюдением сроков.

Если обеспечить включение этих элементов в договорные документы, можно установить четкие рабочие отношения, минимизировать риски и обеспечить прозрачное сотрудничество с различными заинтересованными сторонами. Однако в зависимости от специфики проекта и вовлеченных в него заинтересованных сторон могут потребоваться другие договорные документы для обеспечения четкого понимания и эффективного исполнения.

Глава 5: Мой личный опыт выбора разработчиков

Мой опыт поиска разработчиков можно сравнить с первыми нерешительными шагами младенца, когда за каждым падением следует новая решимость двигаться вперед. Изначально я предложил группе молодых студентов, занимающихся разработкой программного обеспечения, присоединиться к проекту. Среди них были веб-дизайнер и два разработчика. К сожалению, это сотрудничество закончилось неудачей, в основном из-за несоблюдения графика работ, неправильной интерпретации спецификаций и очевидной нехватки опыта у молодых разработчиков. Эти проблемы неизбежно привели к внезапному расторжению контракта. Последствия были значительными: расходы были понесены, но ощутимых результатов достигнуто не было.

Важно отметить, что с самого начала разработка данного приложения финансировалась исключительно за счет внутренних ресурсов. Хотя некоторые аспекты, связанные с темой, получили частичную финансовую поддержку от Фонда ООН в области народонаселения (ЮНФПА), расходы, связанные с самой разработкой, были полностью покрыты за счет внутренних ресурсов. Это свидетельствует о значительных первоначальных обязательствах, когда в воплощение идеи в жизнь были вложены личные средства, что подчеркивает преданность и веру в проект. Решение о внутреннем финансировании разработки приложения было продиктовано как финансовыми ограничениями партнера, так и желанием обеспечить автономность и сохранить интеллектуальную собственность приложения. Такой подход был поддержан Глобальным фондом.

Моя вторая попытка нанять разработчиков привела к появлению квалифицированной группы опытных специалистов. К сожалению, это сотрудничество также закончилось неудачей, в основном из-за неправильного толкования спецификаций и проблем с поставками. Это привело к дальнейшим расходам в соответствии с условиями контракта. Этот опыт укрепил мое понимание проблем, присущих процессу разработки приложений, и подчеркнул сложность работы с внешними командами. Столкнувшись с реальностью неудовлетворительной работы и течением времени, я был вынужден расторгнуть контракт с группой разработчиков, потребовав возврата ранее авансированных средств. Это потребовало нескольких этапов восстановления, но в конце концов я получил деньги обратно. Эти перипетии укрепили мою настойчивость и послужили ценным уроком по тщательному отбору поставщиков услуг и скрупулезному ведению контрактов в сфере разработки приложений.

Поиск идеального поставщика услуг для развития моей инициативы занял до пяти попыток заключить контракт. Наконец, во время последней попытки мне посчастливилось познакомиться с многообещающим молодым талантом по имени Воку Коку Родриг. Инженер-программист, он отличался спокойствием и внимательностью, демонстрируя острое понимание проблем, стоящих на повестке дня, и четкое осознание задач, которые предстояло решить и ему, и мне. Это сотрудничество стало решающим поворотным моментом в разработке приложения, символизируя своевременную встречу с компетентным и заинтересованным сотрудником.

В отличие от команды разработчиков, этот молодой талант выделялся тем, что действовал как индивидуум, эффективно беря на себя роль, которая обычно доставалась целой команде. Он не стеснялся открыто сообщать о своих ограничениях и вопросах, тем самым устанавливая отношения прозрачности и сотрудничества. Работа с Воку Коку Родригом стала для меня настоящим открытием: я понял, что разработка этого приложения требует от меня базового понимания основ разработки. Я также понял, что сам разработчик не может создать алгоритм, не освоив предварительно конкретную тему, в данном случае сексуальное и репродуктивное здоровье. Это осознание не только прояснило мою роль инициатора, но и подчеркнуло исключительную важность синергии между тематической областью и навыками разработки для создания успешного цифрового приложения.

Проиллюстрируем это на примере интеграции в приложение сервиса отслеживания менструального цикла. Этот сервис требует глубоких математических знаний, чтобы избежать ошибок при отслеживании. Более того, написание полного алгоритма для такого отслеживания требует глубокого понимания менструального цикла. Поэтому человек, не имеющий ни знаний о менструальном цикле, ни математических навыков, не сможет успешно выполнить эту важнейшую часть проекта. Вооружившись глубоким пониманием предмета и математическими навыками, я взяла на себя труд сформулировать гипотезы и написать алгоритм для отслеживания менструального цикла в приложении. Этот процесс стал плодом моего сотрудничества с разработчиком, которому я передал алгоритм, а он перевел его на свой компьютерный язык. Этот подход последовательно применялся и в других сервисах, интегрированных в приложение, демонстрируя, что синергия между техническими и тематическими навыками необходима на каждом этапе разработки.

Чтобы избежать прошлых ошибок и обеспечить более эффективное управление бюджетом, я принял стратегическое решение подписать контракт с новым разработчиком, ориентируясь на результат. Конкретно условия этого контракта были четкими: оплата не производилась до тех пор, пока не была выполнена, сдана и подтверждена согласованная работа. Цель такого подхода заключалась в том, чтобы установить динамику ответственности и обязательств, поощряя разработчика к качественному выполнению работ и одновременно позволяя мне сохранить вложенные средства. Такой вариант заключения договора был необходим для обеспечения успеха проекта и минимизации финансовых рисков.

Почти год между разработчиком и мной складывалось тесное и плодотворное сотрудничество. Вместе мы неустанно трудились, чтобы воплотить в жизнь эту замечательную инновацию, первую в истории Того. Этот напряженный период был отмечен постоянным обменом мнениями, тщательной корректировкой и постоянным согласованием с целями проекта. Слияние наших навыков позволило нам преодолеть технические и концептуальные трудности, в результате чего было создано приложение, которое окажет значительное влияние на цифровое здравоохранение в Того.

ЧАСТЬ 3: ИНСТИТУЦИОНАЛЬНАЯ ОСНОВА ЦИФРОВОГО ПРОЕКТА

Глава 1: Правовая основа цифрового проекта

Для того чтобы приступить к реализации цифрового инновационного проекта, будь то в области электронного здравоохранения или в других цифровых областях, инициатору проекта необходимо иметь юридически признанное институциональное прикрытие. Этот важнейший этап является фундаментом, на котором зиждется доверие к проекту и его жизнеспособность.

У промоутера есть два основных варианта обеспечения институциональной поддержки своего проекта: создание организации гражданского общества, например ассоциации, или организация бизнеса (индивидуальное предпринимательство, компания и т. д.). В наши дни создание одной из этих двух структур является относительно простым делом. После того как статус определен, организация должна быть официально зарегистрирована в соответствующих органах. Это дает проекту юридическое существование и позволяет ему пользоваться правами и обязанностями, связанными с его статусом. Для тех, кто решил открыть свое дело, часто возникает вопрос об управлении налогами, особенно если компания еще не обладает необходимым финансовым потенциалом. Существуют правовые инструменты, упрощающие этот процесс. Как правило, все, что требуется от компании, - это заявить о том, что она не занимается бизнесом, в сроки, установленные налоговым законодательством страны. Этот шаг призван защитить компанию в процессе ее создания и тем самым избежать возможных проблем с налоговыми органами.

Для проектов, связанных с конкретными инновациями или разработками, важна защита интеллектуальной собственности. Она может включать в себя регистрацию патентов, товарных знаков или других соответствующих форм защиты. Кроме того, в зависимости от характера проекта, важно соблюдать действующие отраслевые нормы. Например, в случае электронного здравоохранения могут существовать особые стандарты, которые необходимо соблюдать, чтобы гарантировать безопасность и конфиденциальность медицинских или личных данных.

Подводя итог, можно сказать, что создание надежной институциональной структуры, соответствующей нормативным требованиям, является обязательным условием для любого проекта цифровых инноваций. Она обеспечивает организатору проекта правовую определенность и уверенность, необходимые для развития в зачастую сложной среде. Многие цифровые промоутеры ищут партнеров или уже продвигают свои решения среди общественности, но не выполняют важнейшее условие - наличие институциональной базы. Этот пробел представляет собой серьезный фактор риска и может дискредитировать проект, особенно в глазах партнеров и властей. Это может включать в себя :

1. *Правовые риски*: Отсутствие юридически признанной компании подвергает проект значительным правовым рискам. Потенциальные судебные разбирательства, невыполненные обязательства и споры с третьими сторонами могут оказать негативное влияние на долгосрочную жизнеспособность проекта.

2. *Доверие партнеров*: Потенциальные партнеры, будь то финансовые, технические или стратегические, придают большое значение авторитету организации. Проект, подкрепленный официальной структурой, воспринимается как более надежный, что способствует установлению прочных партнерских отношений.

3. *Разрешения и аккредитации*: Некоторые отрасли, особенно связанные со здравоохранением, требуют специальных разрешений и могут нуждаться в аккредитации. Без соответствующей институциональной базы получение этих разрешений может быть затруднено, что приведет к остановке проекта.

4. ***Легитимность в глазах общественности***: В глазах широкой общественности институционально закрепленная инициатива приобретает легитимность. Пользователи, будь то частные лица или организации, более склонны доверять и принимать решения, предлагаемые авторитетными, признанными организациями.

5. ***Соответствие нормативным требованиям***: соблюдение действующего законодательства имеет большое значение, особенно в таких деликатных областях, как здравоохранение. Институциональной организации легче адаптироваться к изменениям в законодательстве и соблюдать их, что повышает уровень соответствия проекту.

6. ***Привлекательность для инвесторов***: для привлечения инвесторов необходимо наличие надежной институциональной базы. Инвесторы более склонны поддерживать проекты, имеющие надежную правовую базу, тем самым минимизируя риски, связанные с инвестициями.

Институциональное закрепление - это не просто название организации. Оно требует создания физической инфраструктуры, даже если это всего лишь комната или две, чтобы организация могла эффективно функционировать. Такое физическое присутствие помогает создать прочную основу доверия с различными заинтересованными сторонами проекта, будь то потенциальные партнеры, сотрудники или власти. Оно укрепляет легитимность проекта и доверие к нему, демонстрируя серьезное отношение организатора к своей цифровой инициативе.

Глава 2: Мой опыт институционального чернения

В моей конкретной ситуации мне повезло: у меня уже была юридически признанная ассоциация. После восьми лет работы в страновом отделении Организации Объединенных Наций по промышленному развитию (ЮНИДО) я сознательно оставила должность помощника по ИКТ, и мой офис также служил штаб-квартирой моей ассоциации. Я решила полностью посвятить себя своему цифровому проекту, продемонстрировав тем самым свою полную приверженность инициативе в области электронного здравоохранения, которую я возглавляла.

Столкнувшись с такой ситуацией, я оказался в некоторой изоляции, не имея физического места для размещения штаб-квартиры моей ассоциации и, соответственно, моих цифровых инноваций. И это несмотря на принципиальное согласие, уже полученное от моих партнеров. Поэтому возникла необходимость активно искать помещение, обеспечивая тем самым непрерывность процесса и оперативную базу для себя и своих коллег.

К счастью, провидение всегда заботилось обо мне, и в критический момент я наткнулась на объявление о приеме заявок на инкубацию проектов, направленных на продвижение женщин. Этот ценный призыв исходил от инкубационного центра Innov'up. Не раздумывая, я подала заявку и была выбрана после собеседования. Так начался 2018 год, ознаменовавший новую захватывающую главу в жизни моей организации. Во время инкубации в Innov'up моей организации предоставили помещение, оборудованное компьютером, тремя стульями и всеми необходимыми для работы инструментами. Это дало нам функциональное пространство, в котором мы могли развивать наш проект. В то же время в центре я получила доступ к команде специалистов по поддержке бизнеса, включая бухгалтера, менеджера по персоналу, менеджера проектов и веб-дизайнера. Предоставление специализированных кадров значительно укрепило мой операционный потенциал и профессионализм в управлении этой инициативой.

Благодаря этим благоприятным условиям я смог успешно завершить следующий этап разработки приложения, уделив особое внимание мобилизации необходимых ресурсов. Присутствие экспертов Innov'up также помогло усовершенствовать мой стратегический подход к управлению финансами и планированию проектов.

ЧАСТЬ 4: РАЗВЕРТЫВАНИЕ

Глава 1: Выбор технических характеристик приложения

В процессе разработки цифрового проекта инноватору очень важно принять стратегические решения по следующим аспектам:

- **Доменное имя**: Выберите релевантное и запоминающееся доменное имя, учитывая его доступность и соответствие вашему проекту.

- **Сервер**: выберите тип сервера, который отвечает вашим потребностям, - выделенный, общий или облачный.

- **Язык программирования**: Выберите подходящий язык для вашего проекта, в зависимости от типа функциональности, которую вы хотите реализовать.

- **База данных**: выберите базу данных, наиболее подходящую для вашего приложения, в зависимости от сложности и объема данных, которыми необходимо управлять.

- **Фреймворк**: используйте фреймворк, совместимый с выбранным языком, который может ускорить разработку за счет заранее созданной структуры.

- **Безопасность**: применяйте надежные меры безопасности, включая шифрование данных, управление доступом и защиту от уязвимостей.

- **Хостинг**: выберите подходящий тип хостинга для вашего проекта, будь то общий, выделенный или облачный.

- **Управление версиями**: используйте систему управления версиями, например Git, для отслеживания изменений в коде и облегчения совместной работы.

- **Резервное копирование и восстановление**: регулярно применяйте стратегии резервного копирования, чтобы защитить данные от случайной потери.

- **Монетизация (если применимо)**: Если ваш проект имеет коммерческий аспект, определите подходящие методы монетизации, будь то реклама, подписка или другие способы.

- **Соблюдение правовых норм**: убедитесь, что вы соблюдаете действующие законы и правила, особенно в части защиты данных и конфиденциальности.

В ходе этого процесса между клиентом и разработчиком могут возникнуть разногласия. Некоторые разработчики совершают ошибку, приобретая доменные имена или серверы на свое имя, или даже выделяя клиенту место на своем сервере. Это может вызвать проблемы, если клиент захочет управлять проектом самостоятельно, что повлечет за собой ненужные расходы и риски. Чтобы избежать подобных разногласий, необходимо с самого начала проекта четко определить условия владения и доступа к техническим ресурсам. Являясь разработчиком, а не принимающей стороной, необходимо гарантировать независимость проектов каждого заказчика и передавать права в полном объеме в соответствии с условиями договора. Как правило, право переуступки должно возвращаться к клиенту, обеспечивая ясность и прозрачность в отношении интеллектуальной собственности проекта. Такой подход устраняет потенциальные риски, связанные с управлением техническими ресурсами, и позволяет избежать любых недоразумений в отношении прав собственности на разработанный проект.

Интеграция базы данных в ваш цифровой проект имеет решающее значение и часто является отличительным фактором в условиях конкуренции. База данных необходима для эффективного хранения, организации и извлечения информации, необходимой для правильной работы вашего приложения или решения. Удивительно, но многие новаторы и разработчики упускают из виду фундаментальный аспект управления данными, не включая базу данных в свое решение. Возможность взаимодействия с бенефициарами и поставщиками услуг в значительной степени зависит от наличия и эффективности управления данными.

Хорошо спроектированная база данных будет не только хранить информацию в структурированном виде, но и способствовать реализации интерактивных функций. Сюда могут входить профили пользователей, истории активности, отзывы и другие ключевые элементы, необходимые для богатого пользовательского опыта.
Очень важно сделать правильный выбор, когда речь идет о технических характеристиках, поскольку от них зависит бесперебойная работа и производительность вашего проекта. Этот выбор во многом зависит от характера и масштаба вашей цифровой инициативы. Каждый проект предъявляет особые требования к технологиям, архитектуре и функциональности.

Прежде всего, сама природа вашего цифрового приложения или решения будет влиять на тип платформы или фреймворка, который вы выберете. Например, для проекта, ориентированного на здравоохранение, могут потребоваться специальные функции, связанные с управлением медицинскими данными, а для образовательной платформы - функции интерактивного обучения. Размер проекта также играет важную роль: для небольшого проекта могут потребоваться более легкие и гибкие решения, в то время как для крупного проекта, скорее всего, потребуется более надежная и масштабируемая инфраструктура. Важно найти баланс между требуемой функциональностью, масштабируемостью и доступными ресурсами.

Прямое управление интерфейсом сервера и доменным именем в рамках моего приложения было стратегическим решением. Как разработчик, я занимал центральное положение, обладая эксклюзивным контролем над высшим уровнем доступа. Я намеренно предоставил разработчику частичный доступ, ограниченный конкретными потребностями его работы над проектом. Такой подход был призван гарантировать монополию и полный контроль над проектом, тем самым обеспечивая его безопасность и устойчивость. Сохраняя строгий контроль над технической инфраструктурой, я мог быстро принимать решения, вносить изменения в режиме реального времени и эффективно реагировать на любые проблемы.

Безопасность проекта была одной из главных задач, и исключительное управление уровнями доступа стало превентивной мерой для предотвращения любого несанкционированного доступа. Это также помогло защитить конфиденциальные данные, сохранить конфиденциальность и гарантировать непрерывность работы.

Глава 2: Тестирование приложения

Начальная фаза тестирования приложения выполняется сначала самим разработчиком, а затем в сотрудничестве со спонсором проекта. Как правило, этот процесс интегрируется в процесс разработки, шаг за шагом. Такой подход позволяет легче предвидеть ошибки и баги в программировании, что гарантирует стабильность всего проекта после его завершения. Разработчик проводит тщательное тестирование на каждом этапе разработки, выявляя и устраняя проблемы по мере их возникновения.

Следующий шаг - расширение этих тестов за счет привлечения спонсора проекта. Цель такого сотрудничества между разработчиком и спонсором - проверить конкретные функциональные возможности, убедиться в том, что требования спецификаций выполнены, и собрать отзывы будущих пользователей. Одним словом, такой прогрессивный подход к тестированию, сочетающий опыт разработчика и мнение заказчика, обеспечивает надежность проекта и минимизирует риск внесения серьезных исправлений после завершения разработки. Впоследствии тестирование может быть распространено на ограниченную группу, включающую членов семьи, знакомых, не забывая о партнерах, непосредственно участвующих в проекте. Основная цель этого этапа тестирования приложения - выявить любые несоответствия и собрать отзывы о пользовательском опыте, чтобы внести существенные улучшения.

После завершения этих предварительных этапов важнейшим шагом в полноценном развитии проекта является запуск бета-тестирования. Это тестирование может быть направлено на более широкую аудиторию с особым акцентом на целевую аудиторию приложения. Оно дает возможность собрать более широкую обратную связь, выявить конкретные проблемы, связанные с реальным использованием приложения, и убедиться, что система в целом соответствует ожиданиям конечных пользователей. Таким образом, период бета-тестирования представляет собой важнейший этап доработки приложения перед его полным внедрением, учитывающий отзывы пользователей для обеспечения оптимального опыта при официальном запуске.

После успешного проведения различных этапов тестирования наступил долгожданный момент для вывода этой инновации на рынок. Это знаменует официальный запуск приложения. Это важный переломный момент в процессе разработки, символизирующий переход приложения от незавершенного проекта к продукту, доступному широкой публике.

Глава 3: Официальный запуск

Официальный запуск - это возможность представить приложение целевой аудитории, партнерам, СМИ и всем, кто заинтересован в новом цифровом решении. Обычно он сопровождается коммуникационной кампанией, направленной на популяризацию приложения, создание ажиотажа и привлечение потенциальных пользователей. Это решающий момент, когда промоутер может оценить влияние своей инновации на рынок и начать собирать первые отзывы пользователей. Прежде чем переходить к последующим этапам, необходимо убедиться, что инновация соответствует нормативным требованиям, действующим в той области, в которой она будет использоваться. Поддержка партнеров и властей также имеет решающее значение для успеха проекта. Этот процесс соблюдения нормативных требований и институционального одобрения часто упускается из виду, однако он является основополагающим шагом, позволяющим избежать потенциальных препятствий и обеспечить устойчивость проекта. Многие многообещающие цифровые инновации потерпели неудачу из-за несоблюдения существующих стандартов и правил, что подчеркивает важность этой предварительной меры предосторожности.

Официальный запуск моего проекта eCentre Convivial стал решающим моментом, отмеченным рядом стратегических подходов и лоббированием. Благодаря четкому обязательству ЮНФПА мне удалось заручиться поддержкой всей системы ООН в Того, включая ПРООН и ЮНЭЙДС, а также Глобальный фонд для борьбы со СПИДом, туберкулезом и малярией. Такое тесное сотрудничество с агентствами ООН укрепило мои обязательства перед государством, в частности с Министерством по делам молодежи и Министерством образования, способствовало присоединению Министерства здравоохранения и Министерства цифровой экономики.

Такой стратегический подход обеспечил синергию между государственным сектором, международными организациями и моей инициативой, создав прочную основу для официального запуска проекта. Сотрудничество с органами здравоохранения и соответствующими министерствами сыграло решающую роль в обеспечении плавной интеграции инноваций в национальную систему здравоохранения и цифровой ландшафт.

Присутствие различных государственных учреждений свидетельствует об институциональной поддержке приложения, укрепляя его легитимность и авторитет. Это знаменует собой важную веху в развитии инициативы, прокладывая путь к ее эффективному внедрению в области здравоохранения и электронного здравоохранения в Того.

Глава 4: Постоянное обновление

Представление необходимости обновления в контексте продвижения приложения для электронного здравоохранения необходимо для понимания проблем и преимуществ, связанных с этим процессом. В сфере цифрового здравоохранения быстрый технологический прогресс и постоянно меняющиеся нормативные требования означают, что приложения необходимо постоянно адаптировать, чтобы обеспечить оптимальную производительность, безопасность конфиденциальных медицинских данных и удовлетворенность пользователей. Вот несколько моментов, которые подчеркивают специфические проблемы, делающие обновления необходимыми:

- **Безопасность и соответствие нормативным требованиям**: обновления устраняют возникающие уязвимости в системе безопасности, обеспечивая конфиденциальность и целостность медицинских данных в соответствии с действующими нормами.

- **Исправление ошибок**: обновления устраняют ошибки и технические проблемы, которые могут повлиять на производительность приложения, обеспечивая оптимальный пользовательский опыт и предотвращая возможные ошибки в критически важных функциях.

- **Улучшение функциональности**: технологические разработки и отзывы пользователей позволяют добавлять новые функциональные возможности, повышая эффективность работы приложения и отвечая на меняющиеся потребности пользователей.

- **Адаптация к новым технологиям**: Обновления позволяют нам внедрять последние технологические достижения, например, интегрировать датчики здоровья, использовать искусственный интеллект или оптимизировать работу новых устройств.

- **Поддержание надежности**: изменения в операционных системах и мобильных средах могут повлиять на стабильность работы приложения. Обновления обеспечивают совместимость и надежность на новых платформах.

- **Постоянное взаимодействие с пользователями**: пользователи ценят приложения, которые развиваются и совершенствуются. Регулярные обновления демонстрируют приверженность разработчика к качеству и актуальности своего приложения.

- **Оптимизация производительности**: обновления оптимизируют работу приложений, сокращая время загрузки и улучшая отзывчивость, что способствует улучшению пользовательского опыта.

- **Исправление уязвимостей, связанных со здоровьем**: в сфере электронного здравоохранения, где конфиденциальность данных имеет первостепенное значение, обновления необходимы для реагирования на новые угрозы и защиты конфиденциальной медицинской информации.

Одним словом, регулярное обновление приложения для электронного здравоохранения необходимо для того, чтобы оно хорошо работало, было безопасным и отвечало меняющимся потребностям пользователей и нормативным требованиям. Это способствует повышению доверия пользователей и общему успеху приложения.

Глава 5: Презентация моего цифрового проекта eCentre Convivial

Платформа eCentre Convivial - это комплексная инициатива, объединяющая различные решения для продвижения информации и обеспечения доступа к услугам в области сексуального и репродуктивного здоровья для молодежи и подростков в Того. Она включает в себя мобильное и веб-приложение, автоматизированный чат-бот в WhatsApp, горячую линию и широкий спектр услуг.

Основные характеристики :

- **Адаптированные услуги по половому воспитанию:** Приложение предлагает адаптированные услуги по половому воспитанию, включая загружаемые модули в формате PDF и аудиоверсии. Эти модули доступны на нескольких языках, включая французский, эве и кабье. Цель этой функции - предоставить полную и доступную информацию о половом воспитании, адаптированную к потребностям молодых людей и подростков.

- **Онлайн-запись на прием**: эта инновационная функция позволяет молодым пользователям записываться на прием в режиме онлайн для получения консультаций, связанных с инфекциями, передающимися половым путем (ИППП), планированием семьи (ППС) или добровольным тестированием на ВИЧ. Благодаря продуманной системе геолокации приложение автоматически оповещает персонал медицинских учреждений о скором прибытии пользователя, что способствует быстрому и эффективному лечению. Оно также позволяет получать результаты анализов и медицинские рецепты, упрощая медицинский контроль. Кроме того, эта функция генерирует оцифрованные карты с технологией NFC, позволяя пациентам получать консультации во всех партнерских медицинских центрах, что повышает мобильность медицинских услуг.

- **Отслеживание беременности, менструального цикла и контрацепции**: Приложение предлагает отслеживание беременности, менструального цикла и контрацепции. Благодаря SMS-уведомлениям и автоматическим звонкам пользователи получают информацию о предстоящих дородовых консультациях, менструациях, овуляции или обновлении методов контрацепции. Эта функция призвана расширить возможности беременных женщин и молодых девушек, активно информируя их о репродуктивном здоровье и облегчая планирование семьи и ведение менструального цикла.

- **Онлайн-помощь**: команда телефонных консультантов, состоящая из таких специалистов, как врачи, гинекологи, акушерки, психологи и равные консультанты, доступна круглосуточно через систему мгновенного обмена сообщениями и по бесплатному номеру. Эта онлайн-помощь позволяет пользователям задавать вопросы, получать индивидуальные советы и развеивать опасения по поводу своего сексуального и репродуктивного здоровья.

- **Веб-сериалы и викторины**: веб-сериалы, посвященные сексуальному и репродуктивному здоровью, предлагают развлекательный и образовательный подход. Эти сериалы призваны повысить осведомленность пользователей о ключевых темах сексуального здоровья, привлекая их к просмотру в привлекательном и доступном формате. Приложение содержит интерактивные викторины, позволяющие пользователям проверить и закрепить свои знания в области сексуального здоровья.

- **Онлайн-радио**: платформа включает в себя онлайн-радио, которое обеспечивает постоянное распространение информации о сексуальном и репродуктивном здоровье. Это позволяет динамично информировать пользователей и одновременно поощрять право на свободу выражения мнений в области сексуального и репродуктивного здоровья.

Эта амбициозная цифровая платформа включает в себя множество интерактивных услуг, направленных на улучшение понимания и доступа к услугам по охране сексуального и репродуктивного здоровья среди молодежи Того.

ЧАСТЬ 5: ПЕРСПЕКТИВЫ

Глава 1: Перспективы цифрового приложения

Стремление к высоким целям - основа пути каждого новатора. Это движущая сила, которая стимулирует творчество, побуждает раздвигать границы и вдохновляет на неиссякаемую энергию в погоне за инновационными идеями. Но большие амбиции требуют не только видения, но и решительных действий по мобилизации ресурсов, необходимых для воплощения этих смелых мечтаний в реальность. Инноватор должен быть стратегом, способным определить и максимально использовать ресурсы, необходимые для воплощения его амбиций в реальность. Это часто включает в себя поиск финансирования, создание стратегических партнерств и мобилизацию широкого спектра навыков. Проактивный подход к мобилизации ресурсов также включает в себя глубокое понимание экономического, социального и технологического контекста, а также способность предвидеть и преодолевать потенциальные препятствия.

Для новатора крайне важно воспитать в себе устойчивый, ориентированный на действия образ мышления. Мобилизация ресурсов не ограничивается финансовыми аспектами, но также включает в себя создание сплоченных команд, использование профессиональных сетей и создание благоприятной для инноваций среды. Постоянный диалог с заинтересованными сторонами, как внутренними, так и внешними, обеспечивает постоянное соответствие ресурсов амбициозным целям инноватора. Одним словом, высокие амбиции инноватора выходят за рамки простых мечтаний.

Глава 2. Перспективы развития платформы eCentre Convivial

Внедрение моей инновации, которая остается новаторской в этой области, в настоящее время находится в центре процесса популяризации, направленного на расширение влияния этого решения, причем первый этап сосредоточен в Экономическом сообществе западноафриканских государств (ЭКОВАС). Такой стратегический подход обусловлен стремлением закрепить и максимально усилить положительное влияние инноваций в регионе, где потребность в инновационных решениях особенно актуальна. Таким образом, нынешний этап работы представляет собой важный стратегический шаг в развертывании моей инновации, направленный на распространение ее положительного влияния на весь субрегион с первоначальным акцентом на ЭКОВАС.

За последние пять лет работы разработанное мной приложение принесло пользу исключительно моей стране, Того. Я могу с уверенностью сказать, что это решение доказало свою эффективность и внесло значительный вклад в достижение поставленных целей. Однако этот сознательный выбор - изначально сосредоточить воздействие приложения на национальном уровне - был не просто стратегией удовлетворения местных потребностей, но и продуманным подходом, направленным на освоение различных вопросов, связанных с этой областью, и приобретение навыков и знаний, необходимых для выхода на международный уровень. Сосредоточив приложение в контексте Того, я смог с близкого расстояния наблюдать за специфической динамикой сектора, выявлять местные проблемы и дорабатывать решение, чтобы оно отвечало реальным потребностям населения.

В то же время такой подход послужил учебной лабораторией, позволив мне получить глубокие знания об особенностях этой сферы в условиях Того. Освоение нормативных, культурных и технологических аспектов, характерных для моей страны, было необходимым предварительным шагом перед тем, как рассматривать возможность международной экспансии.

Что касается бизнес-моделей, то необходимо признать, что африканский контекст имеет существенные ограничения, особенно когда речь идет о внедрении финтех-компонентов. Перед лицом этих проблем услуги мобильных денег становятся важной альтернативой, предоставляя новаторам возможность предлагать пользователям платные услуги. Использование решений на основе мобильных денег - это оригинальный ответ на экономические ограничения, характерные для данного региона. Мобильные платежные системы обеспечивают большую доступность, обходя традиционные барьеры на пути к банковскому обслуживанию и позволяя большему числу людей осуществлять финансовые операции с помощью своих мобильных телефонов.

Кроме того, создание филиала моей компании во Франции было стратегическим шагом, который позволил сделать мой бизнес французским, сохранив при этом статус иностранной компании. Эта инициатива открыла передо мной широкие возможности, позволив закрепиться на известных платформах для финансовых операций, таких как PayPal Business, а также в ведущих интернет-магазинах, таких как Amazon Sellers.

Таким образом, сочетание создания филиала во Франции, интеграции с ведущими платформами, приобретения API для мобильных платежей и учета платных услуг сходится к стратегическому международному открытию. Эти действия позволяют приложению соответствовать требованиям различных рынков, предлагая при этом платные услуги, которые укрепляют его экономическую жизнеспособность и глобальную экспансию.

ЧАСТЬ 6: МОБИЛИЗАЦИЯ РЕСУРСОВ

Глава 1: Важность мобилизации ресурсов

Мобилизация ресурсов имеет решающее значение в проекте разработки цифрового приложения по ряду причин:

- **Финансирование**: Обеспечение достаточных финансовых ресурсов необходимо для финансирования расходов, связанных с разработкой приложения, включая зарплату разработчиков, закупку оборудования, лицензии на программное обеспечение и другие сопутствующие расходы.

- **Человеческие навыки**: привлечение квалифицированной команды разработчиков, дизайнеров, тестировщиков и других специалистов - залог успеха проекта. Для того чтобы охватить все аспекты разработки, необходимы самые разные навыки.

- **Техническая инфраструктура**: наличие необходимых аппаратных и программных ресурсов, включая серверы, инструменты разработки и тестовые среды, имеет решающее значение для обеспечения плавного и эффективного процесса разработки.

- **Управление временем**: мобилизация временных ресурсов необходима для установления реалистичных сроков и обеспечения эффективного управления временем. Это включает в себя планирование этапов разработки, испытаний и запуска.

- **Управление рисками**: ресурсы также мобилизуются для выявления и управления потенциальными рисками. Это предполагает разработку планов по снижению рисков и обходных путей на случай возникновения непредвиденных проблем.

- **Коммуникация и сотрудничество**: мобилизация человеческих ресурсов облегчает коммуникацию и сотрудничество в команде разработчиков. Эффективная координация помогает избежать недопонимания и задержек.

- **Масштабируемость**: благодаря привлечению масштабируемых ресурсов проект может адаптироваться к меняющимся потребностям и развитию рынка. Это позволяет вам оставаться конкурентоспособными и реагировать на меняющиеся запросы пользователей.

Одним словом, мобилизация ресурсов - финансовых, человеческих, технических или временных - является залогом успеха проекта по разработке цифровых приложений, гарантирующим эффективное выполнение, высокое качество продукта и адекватный ответ на возникающие проблемы.

Глава 2: Финансовые ресурсы

Мобилизация финансовых ресурсов имеет решающее значение для разработки цифрового приложения. Эти финансовые ресурсы необходимы для финансирования всего процесса разработки, включая этапы проектирования, программирования, тестирования и развертывания приложения. Они также позволяют привлечь и сохранить талантливую команду, покрывая конкурентоспособную зарплату, льготы и постоянное обучение специалистов, участвующих в проекте.

Еще одним важным аспектом является инвестирование в соответствующие инструменты и технологии. Сюда входит приобретение программного обеспечения для разработки, лицензий, а иногда и аппаратной инфраструктуры для обеспечения эффективности процесса создания. Мобилизация финансовых ресурсов также играет решающую роль в реализации маркетинговых и рекламных стратегий, направленных на повышение узнаваемости приложения и охват более широкой целевой аудитории.

Помимо первоначальной разработки, эти ресурсы необходимы для поддержки текущей деятельности, такой как тестирование, обеспечение качества, сопровождение и обновление приложений. Они обеспечивают гибкость, необходимую для управления рисками, позволяя реализовывать планы по снижению рисков в случае возникновения непредвиденных проблем или изменения планов. Наконец, соответствие действующим стандартам и нормам также может потребовать финансовых вложений, особенно для принятия мер безопасности и защиты данных. Поэтому привлечение финансовых ресурсов является ключевым элементом, гарантирующим успех и долговечность проекта цифрового приложения на рынке.

Глава 3: Стратегии мобилизации финансовых ресурсов

Существует несколько стратегий привлечения финансовых ресурсов для разработчика приложений:

- **Собственное финансирование**: девелопер может инвестировать в проект собственные средства. Это демонстрирует его приверженность делу и может облегчить получение другого финансирования.

- **Краудфандинг**: заручившись поддержкой интернет-сообщества, разработчик может собрать средства с помощью краудфандинговых платформ. Это может обеспечить первоначальное финансирование и создать ранний интерес к приложению.

- **Частные инвесторы**: поиск частных инвесторов, заинтересованных в проекте, может обеспечить значительное финансирование. Инвесторами могут быть состоятельные люди, предприниматели или венчурные капиталисты.

- **Гранты и конкурсы**: Изучение возможностей получения государственных, региональных или отраслевых грантов, а также участие в конкурсах могут обеспечить безвозмездное финансирование и повысить узнаваемость.

- **Банковский кредит**: Если застройщик обладает солидной финансовой репутацией, он может рассмотреть возможность получения банковского кредита для финансирования проекта. Однако в этом случае кредит должен быть погашен с процентами.

- **Стратегическое партнерство**: установление партнерских отношений с другими компаниями или организациями может обеспечить финансирование, ресурсы или выгоды в натуральном выражении в обмен на сотрудничество.

- **Программы инкубаторов и акселераторов**: участие в программах инкубаторов и акселераторов может предложить финансирование, консультации и ресурсы в обмен на участие в программе.

- **Предварительные продажи и лицензии**: предложение предварительных продаж приложения или ранних лицензий для потенциальных клиентов может принести доход еще до официального запуска.

- **Венчурный капитал**: если проект имеет большой потенциал роста, венчурные капиталисты могут быть заинтересованы в предоставлении средств в обмен на долю в капитале.

- **Платформы онлайн-кредитования**: использование одноранговых или онлайн-кредитных платформ может стать одним из вариантов быстрого получения средств, хотя и предполагает выплату процентных ставок.

- **Монетизация**: предложение платных услуг для приложения также может принести проекту значительный доход.

Разумно сочетая эти стратегии в зависимости от характера проекта и финансовых требований, разработчик приложения может максимально увеличить свои шансы на привлечение ресурсов, необходимых для успешной разработки и внедрения приложения.

Глава 4: Мой успех в мобилизации ресурсов

Решительно ориентируясь в сложном мире разработки инновационных проектов, я взяла на себя ответственность за стратегию мобилизации ресурсов в своей организации. Это касалось целого ряда областей, в том числе поиска грантов у партнеров, занимающихся продвижением сексуального и репродуктивного здоровья. В то же время я воспользовалась возможностью принять участие в конкурсах, посвященных цифровым инновациям, стремясь получить финансирование и повысить узнаваемость своего проекта.

Осознавая ценность данных, генерируемых моим приложением, я также изучил возможность монетизации этой информации. Рассматривая возможность продажи данных соответствующим партнерам, я стремился диверсифицировать источники финансирования своего проекта, гарантируя его финансовую устойчивость. Такой многоаспектный подход позволил мне укрепить экономическую стабильность моей инициативы и одновременно достичь своей цели - предоставить доступные и инновационные услуги в области сексуального и репродуктивного здоровья.

Стратегия привлечения ресурсов, которую я предпринял, в основе своей опирается на один важнейший компонент: бизнес-модель. Этот документ, жизненно важный для любого разработчика цифровых технологий, подробно описывает, как именно приложение может приносить доход и стать финансово выгодным. Это необходимый документ, который часто требуют потенциальные партнеры в процессе поиска финансирования.

Глава 5: Финансирование за счет собственных средств

Стратегия привлечения ресурсов была разработана с учетом нескольких ключевых моментов. Во-первых, я вложил собственные средства в разработку приложения.

Благодаря своим личным навыкам я мог предложить студентам услуги по визуальному оформлению и корректуре диссертационных работ. Меня также просили выступить в качестве консультанта и тренера в различных проектах. Благодаря этим частным инициативам у меня появились собственные средства, которые я затем вложил в реализацию своего проекта. В то же время моя организация также получала собственные средства, помогая сбалансировать необходимые финансы. Такой подход позволил мне продемонстрировать личную приверженность проекту и дать старт его реализации.

Глава 6: Субсидии от учреждений системы Организации Объединенных Наций

В то же время я искал гранты у различных партнеров. ЮНФПА, с которым у меня сложились доверительные отношения в ходе предыдущего сотрудничества, оказался ключевым партнером. Благодаря его программе сотрудничества с правительством Того мне удалось получить значительные гранты.

Включение моей заявки в программу Tech4Youth, поддерживаемую ЮНФПА, стало решающим шагом в ее развитии. Tech4Youth - это цифровая инициатива, в которой участвуют пять стран: Бенин, Буркина-Фасо, Гана, Нигерия и Того. Инициатива, возглавляемая отделом инноваций в штаб-квартире ЮНФПА и возглавляемая Бенином, принесла приложению eCentre Convivial признание на конкурсе. Благодаря Tech4Youth приложение получило завидный статус "3 звезды" в отношении своей бизнес-модели, что позволило ему занять первое место в списке конкурирующих приложений. Это признание не только повысило доверие к заявке, но и открыло путь к получению значительного гранта.

Приверженность и поддержка со стороны различных организаций системы Организации Объединенных Наций в значительной степени способствовали финансовой жизнеспособности приложения eCentre Convivial. ЮНЭЙДС и ПРООН сыграли ключевую роль, предоставив значительные гранты. Эти совместные гранты представляли собой значительную финансовую поддержку в течение пяти лет существования приложения. Эти средства позволили приложению расширить свое влияние и укрепить свою роль в области цифрового здравоохранения.

Эта замечательная способность мобилизовать ресурсы прочно закрепила за приложением eCentre Convivial статус пионера в области электронного здравоохранения не только в Того, но и в субрегионе. Плодотворное сотрудничество с такими партнерами, как ЮНФПА, ЮНЭЙДС и ПРООН, свидетельствует о признании ценности и влияния этой цифровой инновации в области сексуального и репродуктивного здоровья. Такое привилегированное положение открывает перед приложением возможности для постоянного роста и расширения, укрепляя его важнейшую роль в продвижении цифрового здравоохранения.

Глава 7: Грант NFM2 и 3 (Глобальный фонд)

В рамках гранта, предоставленного Того на 2018-2020 годы, Глобальный фонд рекомендовал нашей стране изменить формулировку молодежного проекта, предложив инновационный подход. Это привело к проведению консультаций с различными заинтересованными сторонами, участвующими в укреплении сексуального и репродуктивного здоровья подростков и молодежи в Того, включая несколько децентрализованных департаментов Министерства здравоохранения. Именно в этом контексте платформа eCentre Convivial была в принципе одобрена фондом, что привело к изменению формулировки молодежного раздела гранта. Это финансирование стало мощным катализатором для развития приложения, внеся значительный вклад в завершение процесса разработки приложения.

Во время второго цикла финансирования приложение было возобновлено, на этот раз на основе контракта на предоставление услуг. Такой подход позволил нам продавать данные, генерируемые приложением, государству, создав таким образом кодифицированную систему управления данными.

Благодаря гранту Глобального фонда в приложение удалось внести около 90% национальных данных по сексуальному и репродуктивному здоровью. Такой значительный вклад подчеркивает важнейшее значение этого цифрового решения для укрепления национальной политики в этой области.

Глава 8: Конкуренция/вызовы

Участие в ряде конкурсов и испытаний, особенно организованных международными институтами, фондами и правительственными организациями, позволило мне выиграть значительные призы. Эти конкурсы стали важнейшими платформами для демонстрации инноваций и их положительного влияния, открывая новые возможности и сотрудничество.

За время своей предпринимательской карьеры мне довелось принять участие в различных конкурсах, которые обогатили опыт работы с приложением eCentre Convivial. Моими обязательствами в этой области были :

- *Lab ARA* (2018), африканский конкурс, в котором моя инициатива в области электронного здравоохранения вошла в тройку лучших в Того. Это признание позволило мне представлять Того на финале в Кот-д'Ивуаре в 2018 году, позиционируя приложение в рамках континентального конкурса. Хотя мы не победили, этот опыт стал первым шагом в развитии приложения.

- ***Pitch GAAT*** (2018) - конкурс, посвященный презентации инновационных проектов и инициированный Ассоциацией выпускников программ правительственного обмена США. Как выпускник этих программ, я воспользовался возможностью, предоставленной посольством США, чтобы представить свой проект. По итогам конкурса GAAT Pitch я был удостоен чести выиграть первый приз в размере 500 долларов. Этот успех стал первой наградой для моей заявки в eCentre Convivial. На этом этапе денежная сумма приза не была для меня главным фактором. Более значимым для меня было признание и выделение моей инициативы среди ряда других проектов, подтверждающее качество проделанной работы.

- ***Конкурс Innov4Health*** (2018), инициированный Министерством здравоохранения и ПРООН, стал решающей возможностью. Цель конкурса заключалась в поиске инновационных решений для мониторинга беременных женщин и уязвимых групп населения в Того. На различных этапах конкурса я решил сосредоточиться на аспектах моего проекта, связанных с мониторингом беременности и онлайн-помощью, придав им конкретную форму в отдельном приложении, которое я назвал eConvivial CPN. Этот стратегический выбор был продиктован желанием максимально соответствовать требованиям конкурса и увеличить шансы на успех. Выиграв первый приз в размере 1500 евро в конкурсе Innov4Health, мы получили значительное признание за наше конкурентное позиционирование. По мере того как мы продвигались к большему признанию со стороны наших партнеров, мы чувствовали растущую ответственность за достижение конкретных результатов и удовлетворение всех наших заинтересованных сторон.

- **Премия ODESS** (2020): Observatoire de la eSanté dans les pays du Sud (ODESS) - инициатива Фонда Пьера Фабра, направленная на поддержку высокопотенциальных проектов в области цифрового здравоохранения в Африке и Азии. Цель этой инициативы - понять, проанализировать, поощрить и поддержать цифровые инновации в сфере здравоохранения в этих странах. Конкурс ориентирован на лидеров проектов, которые используют информационные и коммуникационные технологии для улучшения доступа к здравоохранению. Отобранные проекты будут размещены на сайте ODESS. Именно в этом контексте я и включил eCentre Convivial в список кандидатов. По итогам конкурса было определено пять инновационных проектов в Африке и Азии, среди которых моя заявка заняла второе место, получив финансирование в размере 23 000 евро.

- **Вызов 1000 африканских предпринимателей** (2020): инициатива, выдвинутая Францией по случаю Африканско-Французского саммита 2020 года по устойчивому развитию городов, чтобы поддержать участие 1000 предпринимателей из Африки и Индийского океана, финансируя их транспорт и проживание. Саммит Африка-Франция предоставил предпринимателям возможность представить свой бизнес или проекты, найти финансирование и партнеров, рассказать о своих инновациях и проблемах. Было отобрано 1000 африканских предпринимателей, в том числе 28 из Того, среди которых был и eCentre Convivial. Во время нашего участия в саммите Африка-Франция, проходившем в Монпелье (Франция), я был единственным молодым африканским инноватором, принявшим участие в конференции Choose Africa, наряду с двумя крупными бизнес-лидерами, такими как управляющий директор лаборатории Innovie и компания Bertrant, все из которых живут во Франции. Я воспользовался этой возможностью, чтобы укрепить партнерство с лабораторией Innovie, и в то же время мне выпала честь создать филиал моего стартапа во Франции, что открыло путь к ряду возможностей.

- **TOYP** (2021): TOYP (Ten Outstanding Young Persons), программа Junior Chamber International (JCI) Togo, ежегодно отмечает десять целеустремленных молодых граждан, которые воплощают в себе дух миссии JCI. Личные истории кандидатов, отмеченные открытиями, решимостью и изобретательностью, побуждают членов организации работать над созданием более справедливого и устойчивого общества. Именно так я стал номинантом и победителем конкурса в категории "Инновации в медицине". Хотя этот конкурс не оказал никакой финансовой поддержки, он, тем не менее, повысил значимость моей инновации и включил меня в десятку лучших молодых людей года.

- **Стипендия в области электронного здравоохранения** (2021 г.): Мой переход от любителя к профессионалу произошел благодаря участию в конкурсе заявок, объявленном Фондом Пьера Фабра. Цель конкурса заключалась в поддержке африканских новаторов и лиц, принимающих решения, путем повышения их квалификации в области электронного здравоохранения. Мне представилась возможность стать одним из 17 африканских новаторов, получивших стипендию на интенсивные университетские курсы по электронному здравоохранению. В Того нас было двое, включая руководителя министерства здравоохранения. После прохождения онлайн-курсов в течение нескольких недель обучение завершилось в группе в Университете наук, техники и технологий Бамако (USTTB) в Мали. Кульминацией этой интенсивной программы стало получение межуниверситетского диплома (DIU). Наше обучение в этом университете стало возможным благодаря дополнительной финансовой поддержке со стороны ПРООН. Эта финансовая поддержка помогла нам принять участие в университетском учебном курсе по электронному здравоохранению и укрепить наши навыки в этой области.

- **Tadamon Accelerator** (2022): программа, основанная на инновационном партнерском подходе, объединяющем национальные и международные организации гражданского общества, филантропические организации, фонды, правительства и платформы партисипативного финансирования. Цель программы - обмен знаниями, мобилизация поддержки и более эффективное взаимодействие. Организации гражданского общества (ОГО), участвующие в программе Tadamon 2022 Accelerator, организованной совместно Исламским банком развития (ИБР), Исламским фондом солидарности в целях развития (ИФСР) и Программой развития ООН (ПРООН), получают возможность пройти шестинедельное интенсивное обучение и наставничество. В Того две организации, включая мою, были отобраны из 50 африканских, и в итоге только я представлял страну на заключительном этапе презентации проекта. Результаты этого конкурса проектов все еще ожидаются, пока я пишу эту книгу.

Помимо мобилизации ресурсов, обеспечение устойчивости цифрового решения выходит за рамки его первоначальной разработки. Решающее значение имеет интеграция местных механизмов обслуживания и поддержки. Обучение персонала обеспечивает постоянное техническое управление, а создание доступных каналов поддержки - постоянную помощь пользователям.

Сотрудничество с местными органами власти и органами здравоохранения укрепляет легитимность и способствует институциональному закреплению решения. Вовлечение сообществ с самого начала процесса проектирования также очень важно. Такой партисипативный подход обеспечивает лучшее понимание местных потребностей, способствуя долгосрочному принятию и использованию.

Финансовая устойчивость может быть поддержана бизнес-моделями, адаптированными к условиям Африки. Государственно-частные партнерства предлагают эффективный способ объединения государственных ресурсов с опытом частного сектора. Подходы, ориентированные на результат, когда инвестиции увязываются с конкретными показателями, также могут обеспечить эффективное использование ресурсов.

Одним словом, чтобы обеспечить устойчивость цифровых решений в Африке, необходимо использовать целостный подход, включающий обучение на местах, сотрудничество с институтами, разработку проектов на основе широкого участия и бизнес-модели, адаптированные к конкретным условиям.

ЧАСТЬ 7: АНАЛИЗ МОЕЙ РАБОТЫ В ОБЛАСТИ ЗДРАВООХРАНЕНИЯ В АФРИКЕ

Глава 1: Углубленный анализ контекста электронного здравоохранения в Африке

Демографический рост в Африке создает серьезные проблемы для системы здравоохранения, усугубляемые трудностями, связанными с финансированием, обучением и инфраструктурой. Неравный доступ к здравоохранению часто усугубляется неравномерным распределением населения, что создает препятствия для эффективного лечения. Недостаток финансирования ограничивает возможности систем здравоохранения по удовлетворению растущего спроса, а недостатки в обучении могут повлиять на качество медицинской помощи. Недостаточная инфраструктура препятствует оказанию медицинских услуг в некоторых регионах, особенно в отдаленных районах.

Несмотря на усилия государственных и частных учреждений по разработке политики в области здравоохранения, оказание непосредственной помощи населению на "последней миле" остается сложной задачей. Инновационные решения, такие как электронное здравоохранение и телемедицина, могут сыграть решающую роль в преодолении этих препятствий, сделав медицинские услуги более доступными, особенно в отдаленных районах. Для решения этих задач необходим комплексный подход, включающий целевые инвестиции в инфраструктуру, увеличение бюджетов на здравоохранение и соответствующие программы обучения. Сотрудничество между государственным и частным секторами, а также эффективная координация между различными заинтересованными сторонами также необходимы для улучшения непосредственного обслуживания населения на "последней миле" и укрепления системы здравоохранения в целом. Действительно, всеобщий доступ к медицинской помощи и информации является одной из главных проблем, и технологические инновации, особенно в области электронного здравоохранения, предлагают инновационные решения в ответ на это. Эти достижения позволяют подключать людей к новым медицинским услугам, представляя собой эффективный способ решения проблемы "последней мили".

Цифровые инструменты, такие как телемедицинские приложения, мобильные платформы здравоохранения и электронные медицинские базы данных, помогают снизить географические барьеры, предоставляя медицинские услуги на расстоянии. Такой подход способствует реинтеграции населения, устраняя барьеры, связанные с физическим расстоянием, и облегчая доступ к необходимой медицинской информации. Электронное здравоохранение также позволяет улучшить профилактику заболеваний с помощью информационных кампаний и средств мониторинга здоровья. Соединяя людей с медицинскими работниками через цифровые платформы, эти инновации помогают расширить доступ к медицинской помощи и укрепить управление медицинскими ресурсами. Одним словом, инновационные решения в области электронного здравоохранения играют решающую роль в преодолении барьеров на пути к всеобщему доступу к здравоохранению и медицинской информации, обеспечивая реинтеграцию населения с помощью цифровых инструментов и тем самым помогая преодолеть "последнюю милю".

Такие проблемы, как младенческая и материнская смертность, заболевания, передающиеся половым путем, диабет, сердечно-сосудистые заболевания, респираторные заболевания, рак и эпидемии, требуют коллективных действий. Стартапы часто предлагают инновационные решения с помощью мобильных приложений, устройств для мониторинга состояния здоровья или платформ для повышения осведомленности. С ростом числа пользователей смартфонов на континенте эти цифровые решения предоставляют уникальную возможность охватить широкую аудиторию, особенно в районах, где доступ к традиционному здравоохранению ограничен. Используя преимущества этих различных подходов, хорошо скоординированные коллективные действия могут внести значительный вклад в профилактику заболеваний и улучшение общего состояния здоровья на африканском континенте. Электронное здравоохранение в Африке обладает значительным потенциалом для восполнения пробелов в здравоохранении, особенно в отдаленных районах, где доступ к медицинским услугам может быть ограничен. Такие инициативы, как мобильные приложения для телемедицины, демонстрируют многообещающий прогресс в обеспечении возможности дистанционного консультирования и сбора медицинских данных.

Однако на пути к более широкому внедрению стоит ряд проблем. Ограниченная инфраструктура, включая неравномерный доступ к электричеству, создает технические барьеры. Кроме того, неравномерное подключение к Интернету в некоторых регионах препятствует эффективному внедрению цифровых решений. Для преодоления этих проблем крайне важно тесное сотрудничество между правительствами, частным сектором и заинтересованными сторонами в сфере здравоохранения. Правительства могут сыграть ключевую роль, инвестируя в цифровую инфраструктуру, разрабатывая благоприятную политику и способствуя координации между различными заинтересованными сторонами. Частный сектор может внести свой вклад, разрабатывая технологии, адаптированные к африканским условиям, а местные заинтересованные стороны в сфере здравоохранения должны быть вовлечены в процесс, чтобы обеспечить культурное понимание и принятие сообществом.

Поэтому при внедрении решений в области электронного здравоохранения необходимо учитывать культурное и языковое разнообразие. Всеобъемлющий подход, учитывающий потребности и взгляды местного населения, будет способствовать более плавному внедрению. Таким образом, хотя электронное здравоохранение в Африке открывает большие перспективы, для преодоления барьеров и обеспечения долгосрочного успеха этих инициатив необходим совместный, адаптивный и ориентированный на местные условия подход.

Глава 2. Особенности разработки моего проекта

По мере роста проекта возникла необходимость укрепить его институциональную базу. Исходя из этого, я решил создать компанию, придав новое измерение институциональному закреплению eCentre Convivial Platform. Это двойное измерение, как ассоциации, так и компании, позволило совместить социальные аспекты проекта с прочной предпринимательской структурой, способствуя тем самым эффективному и устойчивому управлению. Ассоциация продолжает играть важную роль в продвижении социальных ценностей проекта, в то время как компания обеспечивает стабильность, необходимую для его устойчивости и расширения. Такая эволюция институциональной структуры стала адекватным ответом на требования предпринимательской среды. Создав компанию eConvivial, я смог привести проект в соответствие со стандартами и ожиданиями инвесторов и партнеров в частном секторе. Это также открыло новые возможности в плане финансирования и партнерства с частными компаниями и организациями.

Таким образом, "Платформе" удается лавировать между двумя мирами - социально ориентированной ассоциацией и предпринимательской компанией. Хотя субсидии сыграли решающую роль в запуске и начальном развитии проекта, они не были гарантией долгосрочного решения. Финансовая жизнеспособность проекта требовала более предпринимательского подхода. Теперь компания предлагает возможность оказывать платные услуги, продолжая выполнять свою социальную миссию. Переход к коммерческой структуре создал более прочную финансовую базу, что позволило проекту снизить зависимость от внешнего финансирования и изучить устойчивые бизнес-модели.

Проект также отличается своей многоканальной стратегией, предлагая пользователям различные способы доступа к своим услугам. Будь то через веб-сайт, мобильные приложения, "Зеленую линию" или социальные сети, в частности через автоматизированный чатбот Whatsapp, цель состоит в том, чтобы обеспечить максимальную доступность и охватить множество бенефициаров. Этот продуманный подход направлен на адаптацию к предпочтениям и привычкам различных пользователей. Одни могут предпочесть веб-интерфейс, другим удобнее пользоваться мобильным приложением, а те, у кого нет подключения к Интернету, могут воспользоваться каналом "зеленой линии". Присутствие в социальных сетях, в частности через Whatsapp, позволяет нам охватить более широкую аудиторию и стимулировать более прямое взаимодействие.

Глава 3: Препятствия, возникшие при разработке моего проекта

На начальном этапе моего пути в качестве инициатора и популяризатора этого проекта возникли серьезные проблемы, первая из которых касалась понимания и принятия концепции разработчиками. Чтобы преодолеть это препятствие, мне пришлось проявить настойчивость и применить свои коммуникативные навыки, чтобы эффективно донести свои идеи и видение проекта. Сложность сферы сексуального и репродуктивного здоровья требовала четкой и ясной коммуникации, чтобы обеспечить глубокое понимание миссии приложения. Разработчики, являясь ключевыми игроками в реализации этого видения, должны были полностью интегрировать цели проекта, чтобы обеспечить его успешное развитие. Это первое препятствие было преодолено благодаря открытому диалогу, разъяснению ожиданий и тесному сотрудничеству с командой разработчиков.

Мобилизация финансовых ресурсов была важнейшим этапом моего пути в качестве инициатора этого проекта. Сама суть проекта зависела от наличия финансовых ресурсов, что, в свою очередь, повлияло на мою способность мобилизовать человеческие ресурсы. Столкнувшись с нехваткой финансирования, мне пришлось потратить много времени и сил на поиск возможностей финансирования и разработку убедительных бизнес-кейсов для презентации проекта. Поиск финансирования был серьезной задачей, требующей глубокого понимания механизмов финансирования, потенциальных партнерств и критериев приемлемости. Подготовка сильной презентации имела решающее значение для того, чтобы убедить потенциальных спонсоров в ценности и влиянии проекта. Этот этап потребовал сочетания коммуникативных навыков, сбора средств и стратегического планирования. Каждая изученная возможность финансирования была шагом к воплощению проекта в жизнь, и этот процесс позволил приобрести опыт мобилизации финансовых ресурсов для поддержки инициативы.

Безопасность и управление данными были основными проблемами на протяжении всей моей карьеры. Сначала я столкнулся с ситуациями, когда данные в моей базе данных таинственным образом исчезали, а затем приходили сообщения с требованием заплатить биткоинами за их возвращение. Эта угроза, известная как ransomware, потребовала обширного исследования, чтобы понять ее природу и устранить ее. Чтобы усилить безопасность, я ввел меры защиты не только для сервера, но и для базы данных, внедрив двухфакторные протоколы. Такой подход повысил устойчивость к потенциальным атакам и гарантировал конфиденциальность и целостность хранимых данных. Проактивное управление безопасностью данных имеет решающее значение в современной цифровой среде, где онлайн-угрозы могут поставить под угрозу непрерывность и надежность проекта. Постоянная бдительность и адаптация к новым методам защиты необходимы для сохранения целостности данных и доверия пользователей.

Управление вредоносными аспектами в компании неизбежно, и мне приходилось сталкиваться со злонамеренными людьми, стремящимися помешать прогрессу моей инициативы. Некоторые, в силу недопонимания или ограниченного доступа к конфиденциальной информации, могли придумывать необоснованные истории, чтобы навредить проекту. Однако моя способность управлять проектом и поддерживать его баланс основывалась главным образом на профессиональной тайне и строгой защите моих исходных кодов. Конфиденциальность исходного кода играла решающую роль в сохранении целостности приложения. Поддерживая высокий уровень безопасности этой конфиденциальной информации, я смог свести к минимуму риски, связанные с внешними атаками. Благодаря такому подходу доверие партнеров, пользователей и властей укрепилось, что подчеркивает важность защиты цифровых активов в сфере инноваций.

Глава 4: Представление результатов вашей работы или исследований: шаг к известности и налаживанию связей

Празднование успехов и продвижение личных инициатив также предполагает написание и подачу тезисов докладов на различные конференции и встречи. Это не только позволяет поделиться достижениями, но и повышает узнаваемость и признание проектов на разных уровнях, способствуя тем самым более широкому распространению инновационных идей. Представление тезисов на конференциях имеет важное стратегическое значение для инноваторов, исследователей, практиков и экспертов. Представляя свои работы и результаты исследований, вы получаете международную известность и укрепляете свою репутацию в своей области. Такой подход способствует обмену знаниями, стимулирует налаживание контактов с коллегами и потенциальными соратниками, а также предоставляет возможность публикации в официальных сборниках. На протяжении всей своей карьеры я уделял значительное внимание написанию и подаче тезисов докладов, особенно в области электронного здравоохранения. Эти статьи, тщательно подготовленные и распространенные, сыграли решающую роль в создании прочной репутации моей инновации, способствуя ее узнаваемости и признанию в различных областях, в которых я работаю.

Представляю вашему вниманию четыре статьи с двух крупных международных конференций по сексуальному и репродуктивному здоровью и электронному здравоохранению. К ним относятся конференция AfraVIH, организуемая каждые два года на основе ротации между одним из городов Франции и одной из африканских стран, и конференция ICASA, также проводимая каждые два года в Африке. Цель этих мероприятий - обогатить диалог и способствовать прогрессу в этих важнейших областях.

Аннотация 1: Пропаганда создания цифрового приложения для сексуального здоровья и медицинского мониторинга ЛЖВ: пример Того

AFRAVIH 2018 - с 4 по 7 апреля 2018 года - Бордо (Франция)
Номер по каталогу: 1297
Кафуи Коффи Аколли, исполнительный директор
Ассоциация добровольцев по продвижению молодежи (AV-Jeunes), Ломе, **Того**

Проблема: В настоящее время, с появлением информационно-коммуникационных технологий (ИКТ), молодые люди и подростки получают информацию на темы, которые раньше были запретными, задают вопросы и предаются разврату или сексуальным рискам; отсюда высокий уровень ранних и нежелательных беременностей, новых случаев заражения ВИЧ и ИППП, правонарушений и т.д. В сфере образования и обучения Интернет является уникальным и ценным источником информации для всех подростков. Интеграция ИКТ в стратегии профилактики ВИЧ станет фактором успеха, особенно для молодежи.

Описание: Ассоциация добровольцев за продвижение молодежи (AV-Jeunes) организовала информационно-пропагандистскую миссию, направленную на агентства ООН, правительство Того, молодых студентов и другие организации гражданского общества, чтобы предложить новый способ внести свой вклад в продвижение сексуального и репродуктивного здоровья, профилактику ВИЧ и медицинское обслуживание людей, живущих с ВИЧ. Мобильное и веб-приложение под названием e-Centre Convivial призвано облегчить подросткам и молодым людям доступ к информации и медицинским услугам в области СРЗ/ВИЧ/ФП. Загружаемое из Play Store и доступное через веб-сайт, оно предоставляет пользователям доступ к таким услугам, как консультации и консультирование, онлайн-консультации по вопросам лечения ИППП, планирования семьи, направления к специалистам и медицинского наблюдения за ЛЖВ.

В общей сложности было проведено 17 встреч с представителями агентств ООН (ЮНЭЙДС/Того, ЮНЭЙДС в регионе Западной и Центральной Африки, ЮНФПА/Того и ЮНИДО/Того), правительства Того (CNLS-IST), Национального отдела здоровья молодежи и подростков (DNSJA) и организаций гражданского общества (RAS+, сеть ЛЖВ, НПО JVS и EVD). Благодаря этим встречам удалось собрать почти 5 000 000 франков КФА из 6 750 000 франков КФА, необходимых для реализации проекта, и набрать команду из шести (6) молодых экспертов в области информационных технологий и коммуникаций для начала работы.

Извлеченные уроки: *недостатка в финансировании нет, скорее есть недостаток инноваций. Различные встречи с партнерами по адвокации демонстрируют необходимость перехода от одного масштаба к другому в процессе обеспечения устойчивости проекта.*

Следующие шаги: *Следующий этап проекта - официальное начало работы веб- и мобильных разработчиков, которое состоится 16 января 2018 года в присутствии партнеров. Как только приложение будет запущено, начнется второй этап пропаганды и мобилизации ресурсов с целью популяризации продукта в субрегионе Западной и Центральной Африки.*

Аннотация 2: Использование социальных сетей для профилактики ВИЧ и укрепления сексуального здоровья в Того: пример страницы Facebook "Сексуальное и репродуктивное здоровье: давайте говорить об этом без табу" (Santé Sexuelle et reproductive; parlons-en et sans Tabou)

ICASA 2019 - 2-7 декабря 2019 года - Кигали (Руанда)
Ссылка : A-1099-0189-02043 :
Кафуи Коффи Аколли, исполнительный директор
Ассоциация добровольцев по продвижению молодежи (AV-Jeunes), Ломе, ***Того***

Вопросы*: За короткий промежуток времени социальные сети изменили способы взаимодействия между людьми. Часть нашего общения теперь происходит в виртуальной сфере. Социальные сети остаются более популярными среди молодого поколения: 90% людей в возрасте от 18 до 29 лет в настоящее время пользуются этими сайтами (Revue québécoise de psychologie, 38, (2), 167-182). В Того с появлением информационно-коммуникационных технологий, приведших к существованию нескольких социальных сетей, в частности Facebook, молодые люди и подростки получают информацию о запретных темах и задают себе вопросы.*

Методология*: В рамках усилий по расширению доступа к информации об ИППП/ВИЧ ассоциация AV-Jeunes с 2017 года получает финансовую поддержку от ЮНФПА для ведения страницы в Facebook под названием* ***"Сексуальное и репродуктивное здоровье: давайте поговорим об этом и без табу" (Santé Sexuelle et Reproductive; parlons-en et sans Tabou)****. Для управления страницей была создана основная техническая группа, а также составлен годовой план действий, определяющий различные статьи. Каждый месяц на странице публикуется статья о сексуальном здоровье, ИППП или ВИЧ, ориентированная, благодаря спонсорской поддержке, на молодую возрастную группу (18-24 и 25-34 года) в шести регионах Того. В каждую статью встроена ссылка на WhatsApp, чтобы* пользователи сайта могли взаимодействовать, *отправляя сообщения непосредственно телефонным консультантам*, чтобы задать вопросы и получить ответы.

Извлеченные уроки: *В то время, когда ИКТ продолжают развиваться среди молодежи, становится ясно, что мы больше не можем отвлекать внимание этой целевой группы на традиционные инициативы. Поэтому необходимо встретиться с ними в Интернете и предоставить им доступ к необходимой информации. После 18 месяцев работы на страницу подписались 14 871 человек, 88 % из которых - тоголезские пользователи Интернета; 23 спонсируемые статьи охватили 1 615 479 молодых людей в возрасте от 14 до 34 лет, 68 % из которых - мужчины и 32 % - женщины. Общая стоимость проекта за 18 месяцев оценивается в 1 560 000 франков КФА.*

Следующие шаги*: страница в Facebook будет расширена и к концу 2019 года достигнет не менее 50 000 подписчиков.*

Аннотация 3: Электронное здравоохранение для облегчения доступа молодых людей к консультированию, скринингу и лечению ИППП: пример приложения eCentre Convivial в Того

ICASA 2019 - 2-7 декабря 2019 года - Кигали (Руанда)
Номер по каталогу : 1099-0133-00631
Кафуи Коффи Аколли, исполнительный директор
*Ассоциация добровольцев по продвижению молодежи (AV-Jeunes), Ломе, **Того***

Вопросы В Того существование 35 центров, дружественных к молодежи, является стратегией продвижения действий, касающихся здоровья молодых людей и подростков. (Исследование ЮНФПА в Того, 2013 год). Подростки выражают желание получить сексуальное образование и иметь кого-то, с кем можно поговорить о сексуальных проблемах, но в конфиденциальном порядке (Vodiena G., et al, 2012, p. 403- 415). Как можно использовать появление информационных и коммуникационных технологий для улучшения здоровья молодых людей? Именно это пытается предложить мобильное приложение eCentre Convivial в Того.

Методология: Ассоциация "Добровольцы за продвижение молодежи" (AV-Jeunes) при поддержке ЮНФПА/Того и Глобального фонда разработала мобильное и веб-приложение для электронного здравоохранения, чтобы улучшить доступ молодых людей и подростков к информации и услугам по лечению ИППП/ВИЧ. Были привлечены два национальных консультанта для составления карты 46 удобных для пользователей центров и государственных медицинских учреждений, которые затем были связаны с мобильным приложением под названием eCentre Convivial. Затем молодые люди знакомятся с проектом в рамках кампаний по повышению осведомленности на дому, в школах или в социальных сетях для проведения онлайн-консультаций. После онлайн-консультации молодые люди направляются в ближайшее медицинское учреждение по их географическому местоположению. После консультации они получают рецепты в режиме онлайн и индивидуальное сопровождение.

Извлеченные уроки: В конце 6-месячного пилотного этапа 317 молодых людей в возрасте 15-24 лет, 65% из которых - девушки, воспользовались приложением, чтобы обратиться в медицинский центр. 76 из них сразу же пообщались с консультантами по телефону; 30% зарегистрировались по поводу болей внизу живота; 25% - по поводу выделений из влагалища и уретры; 20% - по поводу тестирования на ВИЧ; 15% - по поводу болей во время полового акта и 10% - по поводу менструальных проблем.

Следующие шаги: Пропаганда предоставления бесплатных адаптированных услуг для молодых людей и подростков в медицинских учреждениях.

Аннотация 4 : Технологические инновации для профилактики ИППП/ВИЧ среди молодежи в Того: пример мобильного и веб-приложения eCentre Convivial

AFRAVIH 2020 - 8-11 ноября 2020 года - Дакар (Сенегал)
Номер по каталогу: 2000166
Кафуи Коффи Аколли, исполнительный директор
*Ассоциация добровольцев по продвижению молодежи (AV-Jeunes), Ломе, **Того***

Проблема: *В Того уровень распространенности ВИЧ-инфекции в настоящее время оценивается в 2,1%, а среди возрастных групп наиболее затронутыми являются молодые девушки в возрасте от 13 до 24 лет. Согласно отчету EDS III, 2014, только 49,6 % девушек и 64 % юношей в возрасте 15-24 лет использовали презерватив во время последнего полового акта. Коэффициент фертильности среди молодежи составляет 84 на тысячу человек в возрастной группе 15-19 лет по сравнению со среднемировым показателем в 47,1 %. Такая ситуация представляет собой потерю доходов для экономики и национального развития из-за расходов на уход за детьми и отсева школьников. Что можно сделать для внедрения инноваций в области профилактики и предоставления услуг в условиях, когда молодые люди постоянно подключены к Интернету?*

Описание: *В рамках грантов Глобального фонда NFM2 и NFM3 для Того планировалось укрепить жизненные навыки молодых людей и подростков с помощью инновационной системы электронного здравоохранения под названием платформа eCentre Convivial. Эта платформа, доступная в Play Store и на сайте https://www.econvivial.org, была также поддержана ЮНФПА, ЮНЭЙДС, ПРООН, CNLS-IST и посольством Франции в Того. Грант NFM3 на период 2021-2023 годов предусматривает создание потенциала для 224 равных консультантов по вопросам сексуального и репродуктивного здоровья (СРЗ), а также использование инструмента eConvivial для представления данных; использование автоматизированного чат-бота Whatsapp для распространения* *ресурсов по СРЗ/ИППП/ВИЧ, проведение цифровой кампании вокруг приложения (SMS, электронная почта, реклама Facebook, WhatsApp, реклама Google, реклама Twitter) и предоставление услуг онлайн-поддержки телефонными консультантами с помощью мгновенного обмена сообщениями или бесплатного номера 8203.*

В 2022 году это приложение обслужило в общей сложности 601.466 молодых людей и подростков в возрасте 10-24 лет, 82,8 % из них - девушки, по таким темам, как: Помощь онлайн (19,85%), Сексуальное воздержание (1,53%), ИППП/ВИЧ (34,86%), Женский презерватив (0,23%), Менструальный цикл (0,02%), Мужской презерватив (19,86%), Ранняя и нежелательная беременность (15,13%), Метод контрацепции (2,83%), Сексуальная и менструальная гигиена (5,29%) и COVID-19 (0,40%). Платформа eConvivial была удостоена премии электронного здравоохранения ODESS 2020 Фонда Пьера Фабра, премии медицинских инноваций 2021 Международной палаты Того и премии Innov4Health ПРООН.

Извлеченные уроки*: сокращение числа новых случаев ВИЧ-инфицирования начинается с понимания потребностей молодых людей и предоставления услуг с учетом их потребностей, а также с приближения услуг к ним.*

Следующие шаги*: Развертывание платформы eCentre Convivial в странах ЭКОВАС и внедрение бизнес-модели.*

Глава 5: Учиться на опыте успеха

Успех цифрового проекта во многом зависит от глубокого понимания предмета, досконального владения темой и глубокого знания технических аспектов и компьютерных кодов. Такое сочетание навыков позволяет руководителю проекта принимать взвешенные решения, эффективно руководить разработкой приложения и обеспечивать соответствие между видением проекта и его практической реализацией. Глубокое знание прикладной области также означает, что можно лучше предугадать потребности конечных пользователей и разработать более подходящие, высокопроизводительные цифровые решения. Цифровой сектор переживает значительный подъем, особенно в Африке, где появляются новые возможности в условиях, которые еще практически не изучены. Появление инновационных цифровых решений способствует преобразованию различных секторов, таких как здравоохранение, образование, торговля, транспорт и многие другие, открывая новые перспективы для экономического и социального развития континента.

В Африке цифровая революция дает такие преимущества, как расширение доступа к информации, облегчение деловых операций, укрепление систем здравоохранения и поддержка предпринимательских инициатив. Правительства, компании и предприниматели осознают огромный потенциал цифровых технологий для решения местных проблем и стимулирования экономического роста.

Защита персональных данных - одна из главных проблем современной цифровой среды. Обеспечение конфиденциальности и безопасности личной информации пользователей - важнейшая обязанность любой компании или организации, работающей в цифровом секторе. Применение надежных мер безопасности, таких как шифрование данных, использование защищенных протоколов передачи и строгое управление доступом к конфиденциальной информации, является важнейшим условием предотвращения нарушения неприкосновенности частной жизни пользователей. Кроме того, соблюдение правил защиты данных, таких как Общий регламент по защите данных (GDPR) в Европе или другие национальные законы, необходимо для того, чтобы избежать юридических санкций и сохранить доверие пользователей.

Прозрачность сбора, использования и хранения данных, а также возможность пользователей контролировать свою личную информацию также способствуют укреплению доверия к цифровым платформам. Безопасность цифровой системы - важнейший компонент успеха и устойчивости цифрового проекта. В условиях постоянно развивающегося технологического ландшафта, когда киберугрозы становятся все более изощренными, обеспечение безопасности данных и систем становится абсолютным приоритетом.

Кроме того, очень важны повышение осведомленности и обучение всех участников проекта. Члены команды должны знать о потенциальных рисках и быть обучены хорошим методам обеспечения ИТ-безопасности и конфиденциальности. Такая культура безопасности и конфиденциальности помогает уменьшить количество человеческих ошибок, которые часто являются слабым местом. Соблюдая эти основополагающие принципы безопасности, цифровой проект может лучше защитить себя от потенциальных угроз, обеспечивая доверие пользователей и долгосрочный успех инициативы.

Глава 6: Моя роль в дальнейшем развитии этого сектора

Моя роль как молодого новатора в дальнейшем развитии сектора опирается на несколько столпов. Прежде всего, необходимо развивать в себе неутолимое любопытство, быть в курсе последних технологических тенденций и исследовать новые возможности. Сотрудничество с другими инноваторами и игроками сектора способствует динамичному обмену знаниями и стимулирует коллективное творчество. Активное участие в инновационных сетях, конференциях и менторских инициативах дает возможность постоянно учиться.

Кроме того, крайне важна приверженность образованию и повышению осведомленности. Обмен опытом, продвижение культуры инноваций среди молодого поколения и участие в образовательных программах укрепляют потенциал роста сектора. Наконец, моими действиями должна руководить социальная и этическая ответственность, гарантирующая, что мои инновации основаны на ценностях, которые являются устойчивыми и уважительными по отношению к обществу. Принимая на себя эти функции, я помогаю развивать процветающую цифровую экосистему, способствующую постоянным инновациям и коллективному процветанию.

ЗАКЛЮЧЕНИЕ

Глава 1: Подведение итогов

На страницах этого отчета мой путь в области цифровых инноваций звучит как симфония обучения, преодоления трудностей и вознаграждения за успехи. Каждый этап - от разработки до создания новаторского цифрового приложения для здравоохранения - формировал мое понимание цифровой экосистемы. Плодотворное сотрудничество, стратегии мобилизации ресурсов и постоянные корректировки стали краеугольными камнями этого пути. Двойные институциональные корни - от ассоциации до создания компании - отражают адаптивность, которая необходима для развития проекта. Проблемы безопасности и защиты данных научили нас быть бдительными в постоянно меняющемся цифровом мире. В целом этот отчет является свидетельством предпринимательского приключения, в котором инновации, упорство и сотрудничество стали ключом к успеху.

Глава 2: Размышления

Исходя из собственного опыта, я хотел бы поделиться несколькими соображениями:

- **Важность настойчивости**: Мой опыт подчеркивает необходимость настойчивости перед лицом препятствий. Первоначальные трудности с разработчиками и мобилизацией финансовых ресурсов были преодолены благодаря моему упорству и приверженности своему видению.

- **Сотрудничество между инноваторами и разработчиками**: История моего сотрудничества с разработчиком подчеркивает важность открытого общения и взаимопонимания между инноваторами и разработчиками. Результатом такого тесного сотрудничества стало успешное приложение.

- **Необходимость прочной базы знаний**: Мой опыт показывает, что успех в разработке цифровых технологий зависит от глубокого знания предмета. Я подчеркивал важность владения темой сексуального и репродуктивного здоровья, чтобы добиться успеха в разработке приложения такого рода.

- **Безопасность цифровых проектов**: мой случай с защитой данных подчеркивает исключительную важность инвестиций в безопасность цифровых проектов. Это включает в себя защиту от киберугроз, безопасность данных и осведомленность членов команды.

- **Адаптивность и эволюция бизнес-модели**: Мой переход от ассоциации к созданию компании показывает, как важно быть адаптируемым в цифровом секторе. Эта эволюция позволила мне лучше удовлетворять финансовые потребности проекта.

- **Поиск альтернативного финансирования**: моя стратегия мобилизации ресурсов, включая участие в конкурсах, подчеркивает важность поиска альтернативного финансирования и диверсификации источников дохода для обеспечения устойчивости проекта.

- **Инклюзивность и разнообразие доступа**: разнообразие каналов доступа к моему приложению - от Интернета до социальных сетей и "зеленой линии" - подчеркивает важность обеспечения доступности проекта для широкого круга бенефициаров, способствуя тем самым большей инклюзивности.

- **Использование наград и признания**: Мое участие в конкурсах и успехи в них показали, как важно использовать награды и признание для повышения авторитета и известности проекта.

- **Защита исходного кода**: последнее замечание подчеркивает необходимость защиты исходных кодов как ключевого элемента управления цифровым проектом, обеспечивая тем самым конфиденциальность и долговечность проекта.

Делясь этими мыслями, я вдохновляю других предпринимателей и новаторов в цифровом секторе, предлагая ценные уроки для их собственного пути.

Глава 3: Заключительные напутствия и ободрение

Вот несколько заключительных посланий и слов ободрения для вас, мои дорогие читатели:

- **Стремитесь к своей цели**: в какой бы сфере вы ни работали, не отказывайтесь от своего видения. Проблемы могут казаться непреодолимыми, но упорство и вера в свое видение помогут вам пройти долгий путь.

- **Верьте в сотрудничество**: Сотрудничество между новаторами и разработчиками - залог успеха. Ищите надежные партнерские отношения, поощряйте открытое общение, и вместе вы сможете реализовать исключительные проекты.

- **Инвестируйте в свои знания**: Овладение предметом является основополагающим. Инвестируйте время в приобретение глубоких знаний в своей области деятельности. Это повысит ваш авторитет и способность к инновациям.

- **Приоритет безопасности**: в эпоху цифровых технологий безопасность данных имеет огромное значение. Примите надежные меры для защиты вашего проекта, ваших пользователей и ваших данных.

- **Будьте адаптивны**: перемены неизбежны. Будьте готовы адаптироваться, развиваться и находить творческие решения проблем по мере их возникновения.

- **Диверсифицируйте источники финансирования**: изучите различные способы привлечения ресурсов. Гранты, конкурсы и другие инициативы могут помочь сделать ваш проект финансово жизнеспособным.

- **Продвигайте инклюзивность**: убедитесь, что ваш проект доступен как можно большему числу людей. Инклюзивность не только этична, но и может расширить влияние вашей инновации.

- **Отмечайте свои успехи**: Найдите время, чтобы отметить свои успехи, даже самые незначительные. Награды и признание повышают мотивацию и делают ваш проект заметным.

- **Защитите свои активы**: Конфиденциальность вашего исходного кода имеет решающее значение. Защитите свои цифровые активы и убедитесь, что у вас есть соответствующие механизмы, гарантирующие безопасность и долговечность вашего проекта.

- Делитесь своей историей, чтобы вдохновить других новаторов, и не стесняйтесь черпать вдохновение из опыта других. Предпринимательство - это коллективное путешествие.

Мой путь показывает, что даже перед лицом серьезных проблем страстное видение, настойчивость и стратегический подход могут привести к реализации исключительных проектов. Желаю всего наилучшего всем, кто стремится создавать, внедрять инновации и менять мир к лучшему.

Глава 4: Эпилог

На заре этого захватывающего приключения в мире цифровых инноваций мое заключение показывает траекторию, богатую проблемами, открытиями и достижениями. Мой путь, отмеченный упорным трудом и целеустремленностью, завершился созданием инновационного приложения в области сексуального и репродуктивного здоровья. Уроки, извлеченные из этого опыта, подчеркивают важность сотрудничества, непрерывного обучения и адаптации в постоянно меняющейся цифровой среде. Помимо достигнутых успехов, в эпилоге подчеркивается необходимость соблюдения строгих этических норм, защиты конфиденциальных данных и активного содействия развитию сектора. Моя роль как молодого новатора в дальнейшем развитии этой сферы очевидна: культивировать любопытство, делиться знаниями, способствовать инклюзии и работать над инновациями, основанными на устойчивых ценностях.

Так заканчивается одна глава, открывающая путь к новым возможностям, сотрудничеству и достижениям в огромном мире цифровых инноваций. Повествование замирает, но инновационный дух остается живым, готовым представить цифровое будущее, которое еще предстоит построить.

Глава 5: Заключительные мысли о личном и профессиональном развитии

В ходе этого путешествия в сложный мир цифровых инноваций мои последние размышления касаются личностного и профессионального роста, который стал результатом этого увлекательного опыта. Суть этого приключения заключается не только в разработке революционного приложения, но и в личностном росте, который сопровождал каждый этап.

В профессиональном плане этот курс стал катализатором развития многопрофильных навыков. От работы с разработчиками до жесткого управления ресурсами, через различные учебные курсы, в которых мне пришлось принять участие, - каждая задача давала возможность учиться и корректировать свое понимание постоянно меняющегося цифрового мира. Ключевым моментом была моя способность ориентироваться в технических сложностях, сохраняя при этом соответствие первоначальному видению проекта.

На личном уровне эта поездка привила мне такие важнейшие ценности, как настойчивость, адаптивность и терпение. Решение проблем в режиме реального времени, принятие важных решений и налаживание отношений с различными заинтересованными сторонами помогли мне отточить свои лидерские качества. Каждое препятствие служило почвой для обучения, а каждый успех - подтверждением решимости.

В конечном итоге эта цифровая одиссея вышла за пределы профессиональной деятельности и стала личным стремлением к росту и самореализации. Она подчеркивает силу инноваций, способных превратить не только идеи в реальность, но и отдельных людей в уверенных первопроходцев, готовых смело формировать будущее. Таким образом, эти заключительные размышления посвящены не только созданному приложению, но и человеку, который стал результатом этой цифровой эпопеи.

POSTFACE

Начиная это послесловие, я хотел бы выразить глубокую благодарность всем, кто читал эти страницы. Написание этой работы было гораздо большим, чем простая ретроспектива моего пути в области цифровых инноваций; это было приглашение разделить приключение, понять трудности, успехи и бесчисленные уроки.

Дорогой читатель, возможно, вы почувствовали отзвук размышлений, живость встреченных вызовов, а может быть, даже нашли зеркала собственного опыта. В этих главах я провела вас за кулисы создания инновационного приложения, а также в самое сердце моего личного и профессионального роста.

Эта книга выходит за рамки простого рассказа о цифровом проекте. Она призвана вдохновить, научить и наладить связи с теми, кто разделяет мою страсть к инновациям. Концепции упорства, сотрудничества и цифровой безопасности - это маяки, которые направляли мой путь и которыми я надеюсь поделиться как источником вдохновения.

Я хочу, чтобы эти страницы стали не концом, а скорее началом новых размышлений, обсуждений и сотрудничества. Технологии развиваются, задачи меняются, но страсть к творчеству, инновациям и изменениям остается.

Так что пусть это послесловие станет приглашением заглянуть в будущее, смело принять неизвестное и продолжить исследовать бесконечные горизонты цифровых инноваций.

С благодарностью,

Кафуи Кафуи АКОЛЛИ
Писатель

БИБЛИОГРАФИЯ

[1] CNLS-IST-TOGO, "Ежегодный отчет о деятельности по борьбе с ВИЧ и СПИДом", 2022 г.

[2] DIGI SANTE, "DIU eSanté, продвижение 2021, инновации и практика в области здравоохранения", 2021 г.

[3] A. P. Koumamba, "Modèle de système d'information pour le pilotage, les statistiques et la veille sanitaire au Gabon", 2021

[4] ЮНЭЙДС, Н. К. Тадегнон, "Аналитический отчет по приложениям электронного здравоохранения, 2021 г.

[5] ЮНФПА Бенин, К. Хамучи, "Анализ бизнес-моделей платформы Tech4Youth", 2020 г.

[6] STARTUPBRICS, J. Lanckriet, S. Abdelkrim, "Compte rendu d'enquête terrain pour l'Observatoire de la e-santé dans les pays du Sud, 2020", (https://www.odess.io/enquete/ecentre-convivial/)

[7] ODESS, "Laureate 2020 de l'Observatoire de la eSanté dans les Pays du Sud", 2020, (https://www.odess.io/initiative/ecentre-convivial/)

[8] AV-JEUNES, "Руководство по использованию платформы eCentre Convivial", 2020 г.

[9] ЮНФПА Того, "eConvivial: приложение, спонсируемое ЮНФПА Того в борьбе с COVID-19 в Того", 2020, (https://togo.unfpa.org/fr/news/econvivial-une-application-sponsorisee-par-unfpa-togo-dans-la-lutte-contre-le-covid-19-au-togo)

[10] RFI, "Priorité Santé, Outils numériques dans le suivi des épidémies", 2020, (https://www.rfi.fr/fr/podcasts/20201016-outils-num%C3%A9riques-le-suivi-%C3%A9pid%C3%A9mies)

[11] PARTENARIAT OUAGA, "Le processus d'élaboration du manuel de référence de l'e-Centre Convivial lancé", 2019, (https://partenariatouaga.org/le-processus-delaboration-du-manuel-de-reference-de-le-centre-convivial-lance/)

[12] ICASA 2019, "Abstract-Book-online-version", 2019, (https://saafrica.org/new/wp-content/uploads/2020/02/ICASA-2019-Abstract-Book-online-version.pdf)

[13] SAAFRICA, "Poster Track-D, ICASA 2019", 2019, (https://saafrica.org/new/wp-content/uploads/2020/04/ICASA2019_Posters_Track-D.pdf)

От здоровья к коду: эпопея новатора в области электронного здравоохранения

На увлекательных страницах этой книги вы погрузитесь в динамичный мир цифровых инноваций в Африке. Проследите вдохновляющий путь Кафуи К. Аколли, страстного молодого новатора, от зарождения смелой идеи до реализации революционного приложения в области сексуального и репродуктивного здоровья. Автор делится глубокими размышлениями о личном и профессиональном развитии в результате этого уникального опыта.

Мощные идеи о настойчивости, сотрудничестве и необходимости обеспечения цифровой безопасности звучат на каждой странице, предлагая ценные уроки для начинающих предпринимателей и новаторов.

В заключение хочу сказать, что эта книга - не только хроника цифровых успехов, но и личное исследование роста, адаптивности и преобразующей силы инноваций. Празднуйте каждую победу, извлекайте уроки из каждой проблемы и вдохновляйтесь, чтобы смело формировать свое цифровое будущее.

Кафуи Коффи Аколли, родившийся 11 марта 1983 года, - эксперт в области электронного здравоохранения, динамичный предприниматель и разносторонний музыкальный исполнитель. Как предприниматель, он оставил свой след в области электронного здравоохранения, внедряя значительные инновации. В то же время он выражает свои творческие способности в музыке и писательстве.

I want morebooks!

Buy your books fast and straightforward online - at one of world's fastest growing online book stores! Environmentally sound due to Print-on-Demand technologies.

Buy your books online at
www.morebooks.shop

Покупайте Ваши книги быстро и без посредников он-лайн – в одном из самых быстрорастущих книжных он-лайн магазинов! окружающей среде благодаря технологии Печати-на-Заказ.

Покупайте Ваши книги на
www.morebooks.shop

info@omniscriptum.com
www.omniscriptum.com

Printed by Books on Demand GmbH, Norderstedt / Germany